Das Getreide

zweischneidiges Schwert der Menschheit

Unser täglich' Brot macht satt, aber krank. Ernährung mit Getreideprodukten kann die Gesundheit ruinieren

- Vitamin- & Mineralstoffmängel
- Störungen im Fettstoffwechsel
- Autoimmunkrankheiten & Allergien
- Schizophrenie & neurologische Störungen
- Koronare Herzerkrankungen & Krebs
- Osteoporose & Karies

Loren Cordain, Ph.D.

novagenics

Anmerkung des Übersetzers

Die vorliegende Forschungsarbeit Loren Cordains wurde ursprünglich für ein wissenschaftliches Magazin verfaßt; ihr Verständnis verlangt vom Leser medizinische und ernährungswissenschaftliche Vorkenntnisse. Zur besseren Lesbarkeit wurden die Fachausdrücke weitgehend durch deutsche Begriffe ersetzt; wo das nicht möglich war, wurden erklärende Fußnoten eingefügt. Der interessierte Laie hat hoffentlich Verständnis dafür, daß nicht alle Fachbegriffe vermieden werden konnten; der Wissenschaftler möge die manchmal populärwissenschaftliche Ausdrucksweise mit dem gleichen Entgegenkommen betrachten.

ISBN 10: 3-929002-35-3
ISBN 13: 978-3-929002-35-5

Loren Cordain:
Das Getreide – zweischneidiges Schwert der Menschheit.
3. Deutsche Auflage Novagenics-Verlag 2021
(www.novagenics.com)

Deutsche Übersetzung von Klaus Arndt

Titel der Originalausgabe:
Loren Cordain: Cereal Grains: Humanity's Double-Edged Sword, in:
Simopoulos, Artemis P. (Editor): Evolutionary Aspects of Nutrition and Health. Diet, Exercise, Genetics and Chronic Disease. World Review of Nutrition and Dietetics. Basel, Karger, 1999, volume 84, pp 19-73.

INHALT

Verzeichnis der Abbildungen und Tabellen

Vorwort I – Dr. Wolfgang Lutz

Das Buch von Prof. Dr. Cordain kommt zur rechten Zeit auf den deutschen Buchmarkt, befinden wir uns doch im Übergang zu einer neuen Sicht der Ernährung. Für eine kohlenhydratreiche und getreidebasierte Kost haben die Menschen seit der Steinzeit einfach noch keine vollständige Adaptation erworben. Der Eine verträgt es besser, der andere schlechter, je nachdem, wie frühzeitig unsere Ahnen mit dem Ackerbau in Berührung kamen.

So sind die Mittelmeerländer gegenüber den im Norden Europas lebenden Populationen beim Kohlenhydratgenuß im Vorteil, weil sie – über den Seeweg – mit dem Ackerbau früher Bekanntschaft machten als der Norden. Es sind also nicht in erster Linie spezielle Nahrungsmittel wie das Olivenöl oder der Rotwein der Franzosen, welche die Gesundheit dieser Völker ausmachen: Sie hatten einfach mehr Zeit, um sich an die neuen Nahrungsmittel des Neolithikums anzupassen; nicht zu vergessen das römische Reich mit seinen Legionen, die Getreideverzehr und Ackerbautechniken über den Kontinent verbreiteten. Es setzt sich langsam die Ansicht durch, daß kein Nahrungsmittel, welches sich die Menschheit zur Dämpfung des Hungers und zur Ausbreitung ihres Genoms einverleibt, grundsätzlich gut oder schlecht ist, sondern daß seine Harmlosigkeit erst durch Adaptation, also durch Anpassung über viele Generationen hinweg, erworben werden muss.

In dieser Zeit ist die Untersuchung von Prof. Dr. Cordain besonders wertvoll, weil sie zeigt, daß die als Konkurrenz zur tierischen Nahrung empfohlene Getreidenahrung (»komplexe Kohlenhydrate«) auch heute noch krankmachende Eigenschaften haben kann. Wir können also durch vollständigen Übergang von der einen zur anderen Nahrung vom »Regen in die Traufe« kommen. Cordain ermittelt hier mit der wissenschaftlichen Akribie eines Nichtmediziners, was die Fachleute gerne übersehen würden.

Nach dem langen Cholesterinrausch kehrt auf medizinischer Seite langsam wieder die gebotene Nüchternheit ein. Es ist an der Zeit, eine Liste der Gesundheitstörungen aufzustellen, die man durch Rückkehr zur paläolithischen Ernährung behandeln kann, ebenso wie die Untersuchung, was durch

Kohlenhydratentzug nicht erfolgreich behandelt werden kann. Das Ende dieser Entwicklung wird zeigen, daß wir aus der Zeit der Menschenaffen tatsächlich die eine oder andere Adaptation über das Paläolithikum hinaus gerettet haben und daß es nicht zweckmäßig ist, unser vielfältiges Genom mit einer Ernährung zu vergewaltigen, an die es noch nicht adaptiert ist.

Dr. med. habil. Wolfgang Lutz

Anmerkung des Übersetzers: Dr. Lutz ist Autor des Buches »Leben ohne Brot«, das bereits 1967 – lange vor Dr. Robert Atkins – die Vorteile einer kohlenhydratarmen Ernährung herausstellte. Mittlerweile liegt im Informed Verlag, Gräfelfing die 14. Auflage dieses Klassikers vor. Dabei hat Dr. Lutz sich stets auf eine ganze Reihe von Vorläufern berufen, viele von ihnen aus dem angelsächsischen Sprachraum. Die Hypothese, daß viele ernste Erkrankungen auf mangelnde genetische Anpassung an Getreide und Getreideprodukte zurückzuführen sind, wurde erstmals von Dr. Lutz aufgestellt. Von ihm erschienen auch »Kranker Magen, kranker Darm – was wirklich hilft« (Informed 1996) sowie »Cholesterin und tierische Fette – eine Neubewertung« (Informed 1988).

Vorwort II – Dr. Nicolai Worm

Wir führen mit unserem heutigen Lebensstil einen Dauerkrieg gegen unsere Gene: Bis in die Neuzeit waren Ernährung und Bewegung immer untrennbar miteinander verknüpft. Jagen und Sammeln, um zu essen und zu überleben. Wer sich nicht täglich auf die Socken machte, hatte nichts zu essen.

Der Körper war auf ein immerwährendes Zusammenspiel von intensiver Muskelarbeit mit entsprechendem Energie- und Nährstoffverbrauch einerseits und der damit erreichbaren Nahrungs- bzw. Nährstoff- und Energiezufuhr andererseits angewiesen. Für diese Lebens- und Umweltbedingungen haben sich unsere spezifischen biochemischen Stoffwechselmechanismen entwickelt. Diese sind bis heute in den Genen festgeschrieben. Als energieliefernde Nahrung dienten die verschiedensten Pflanzen und Tiere. »Call a pizza« gab es noch nicht. Vielmehr hat der Mensch Millionen Jahre ohne Getreide gelebt: Brot und Backwaren, Reis und Nudeln – Fehlanzeige. Und die verfügbaren Früchte waren sicherlich nicht so groß und so zuckerreich wie heute. So waren Kohlenhydrate generell Mangelware. Die Menschheit hat sich also kohlenhydratarm entwickelt und unsere Gene sind an »Low-Carb« perfekt adaptiert!

Vor etwa 10.000 Jahren begann der Mensch mit dem Ackerbau. Seitdem erobern Getreide und damit Kohlenhydrate einen immer höheren Stellenwert in der Ernährung des Menschen. Evolutionär entspricht dies über 99,5 Prozent Jäger- und Sammler-Dasein gegenüber weniger als 0,5 Prozent Ackerbaulebensweise. Das reicht nicht aus, um sich genügend zu adaptieren. Nach dieser kurzen Zeitspanne sind die kohlenhydratreichen Nahrungsmittel unseren Genen noch weitgehend unbekannt. Die »etablierte« Ernährungslehre hingegen vermittelt bislang noch den Eindruck, als seien gerade Getreide bzw. daraus hergestellte Produkte die traditionelle Grundnahrung des Menschen schlechthin. Der »volle Wert« des ganzen Korns – damit wurde immer besonders gute Gesundheit assoziiert. Die »Vollwert«-Bewegung hat tiefe Spuren im Bewußtsein des Verbrauchers hinterlassen. Aber viele Menschen mußten am eigenen Leib spüren, wie schlecht ihr Körper an das »gute

Vollkorn« adaptiert ist, denn gewisse Getreide-Inhaltsstoffe wirken bei ihnen als antinutritive Nahrungsbestandteile und beeinträchtigen ihre normalen Körperfunktionen.

Keine Frage, auch Getreide enthält Nähr- und andere Inhaltsstoffe und zumindest Vollkorngetreide von einigen Vitalstoffen sogar interessante Mengen. Dennoch sind zur Bedarfsdeckung andere Lebensmittel besser geeignet. Denn Getreideprodukte, vor allem die Vollkornvarianten, enthalten hochwirksame Pflanzenstoffe wie Phytate, Alkylresorcinole, Protease-Hemmer und Lektine, die im Organismus zu unerwünschten Effekten führen, ja sogar gefährlich werden: Nicht zuletzt können durch Getreidekonsum spezifische Krankheiten wie zum Beispiel Zöliakie (Sprue) ausgelöst werden.

Selbst die in der Vergangenheit häufig als besonders »wertvoll« gefeierten Öle aus Weizenkeim und Maiskeim bergen nach aktuellem Wissensstand bei übermäßiger Zufuhr möglicherweise mehr Nachteile als Vorteile. Denn sie enthalten vor allem ungesättigte Fettsäuren vom Omega-6-Typ. Ein zu hoher Konsum dieses Fettsäuretyps kann unerwünschte Nebenwirkungen haben, beispielsweise das Immunsystem hemmen und Entzündungen fördern.

Es ist ein großes Verdienst von Professor Dr. Loren Cordain, daß er den philosophisch verbrämten Mythos vom »gesunden« Getreide mit nüchternen wissenschaftlichen Fakten entzaubert und mit seinen Arbeiten unser Augenmerk wieder auf die Frage nach der tatsächlich »artgerechten« Ernährung des Menschen gelenkt hat, also auf die Ernährungsweise, an die der Mensch mit großer Wahrscheinlichkeit noch immer am besten adaptiert ist. Als Modell für die menschliche »Urernährung« verwendete er die Ernährungsweise von Jäger- und Sammler-Gesellschaften, die bis in die Neuzeit unter Steinzeitbedingungen gelebt hatten. Seine Ernährungsanalyse von 229 »Naturvölkern« aus den verschiedensten geographischen Regionen der Welt mit den verschiedensten klimatischen Bedingungen kann als ein Meilenstein der Ernährungswissenschaft gelten (siehe Cordain, L., Brand Miller, J., Eaton, S.B., Mann, N., Holt, S.H.A., & Speth, J.D.: Plant to animal subsistence ratios and macronutrient energy estimations in world wide hunter-gatherer diets. American

Journal of Clinical Nutrition 2000, 71:682-92). Cordain präsentierte darin der erstaunten Fachwelt überzeugende Belege dafür, daß frühere Bewertungen der »Jäger und Sammler-Ernährung« von gravierenden Fehleinschätzungen geprägt waren, die »natürliche« Kost dieser Völker vielmehr überwiegend tierischer Natur war. Seine detaillierten Analysen ergaben, daß diese »Naturkost« im weltweiten Durchschnitt zu etwa 20-40 % aus Kohlenhydraten, zu 28-58 % aus Fett und zu 19-35 % aus Eiweiß bestand. Selbst unter den günstigsten klimatischen Verhältnissen war es diesen Völkern kaum möglich, auch nur 40 % der Kalorien über Kohlenhydrate zu erreichen. Aus welchen Quellen sollten sie auch in dieser Menge stammen? Für die Menschen, die jenseits des 40. Grades nördlicher bzw. südlicher Breite lebten – Völker also mit ähnlichen Umweltverhältnissen wie unsere europäischen Vorfahren – ergeben sich sogar noch niedrigere Kohlenhydratanteile. Die durchschnittliche Nährstoffrelation beträgt dann 30 % Kohlenhydrate, 40-50 % Fett und 20-30 % Eiweiß.

Ganz im Gegensatz dazu steht die moderne Ernährung. Inzwischen sind Kohlenhydrate weltweit zur bedeutendsten Nahrungsquelle geworden. Unsere Mahlzeiten bestehen vor allem aus raffinierten, stärkereichen, ballaststoffarmen Getreideprodukten, Kartoffeln, Reis und Hirse. Dazu kommen noch die vielen Süßwaren und gezuckerten Getränke. Parallel dazu steigt die Zahl der Fettleibigen stetig und unaufhaltsam an. Und in Folge der Gewichtszunahme erkranken immer mehr Menschen an Störungen des Zucker- und Insulinhaushalts. Im Laufe der Zeit entwickelt sich daraus Diabetes mellitus – die »Zuckerkrankheit«. Bis vor wenigen Jahren erkrankten daran vor allem Menschen, die älter als 50 Jahre waren. Heute entwickeln immer mehr Jugendliche schon mit 14, 15 oder 16 diesen sogenannten »Altersdiabetes«.

Aktuelle Studien identifizieren den üppigen Kohlenhydratverzehr als eine der wichtigsten Ursachen für diese Stoffwechselentgleisung. Und es wird immer klarer, daß die als gesund gepriesene Kohlenhydratmast auch das Risiko für Herzinfarkt, Schlaganfall und bestimmte Krebsformen erhöht. Dabei spielt es keine Rolle, ob sie in Form komplexer Stärke, wie in Brot oder

Nudeln, oder als einfache Kohlenhydrate, also in Form von Zucker, daher kommen. Es scheint, als hätte uns ausgerechnet die Kohlenhydratvöllerei den Zivilisationsleiden noch näher gebracht!

Das amerikanische Landwirtschafts- und Ernährungsministerium hat darauf reagiert: Im Januar 2003 verkündete es – für viele völlig unerwartet, daß es an einer neuen Ernährungspyramide arbeitet, die Anfang 2005 der Öffentlichkeit vorgestellt werden soll. Die alte hätte sich aus wissenschaftlicher Sicht als unhaltbar herausgestellt. Es deutet also vieles darauf hin, daß die Verdammung der Fette als Dick- und Krankmacher und die besondere Wertschätzung der Kohlenhydrate als »Gesundmacher« als eine der größten Fehleinschätzungen in die Geschichte der Ernährungswissenschaft eingehen wird.

Professor Loren Cordain hat auf diese Entwicklungen frühzeitig aufmerksam gemacht und viele Wissenschaftler auf der ganzen Welt inspiriert, das Auftreten unserer Zivilisationskrankheiten unter evolutionären Gesichtspunkten zu erforschen. Ich wünsche seinem Buch besten Erfolg.

Dr. Nicolai Worm

Anmerkung des Übersetzers: Dr. Nicolai Worm gilt als einer der profiliertesten Vertreter einer Ernährung mit weniger Kohlenhydraten. Er verfaßte mit »Syndrom X oder Ein Mammut auf den Teller« die bislang umfassendste wissenschaftliche Dokumentation der Vorteile einer solchen Ernährung in deutscher Sprache (Hallwag Verlag 2000), sowie eine Reihe weiterer Bücher zumThema. Zuletzt veröffentlichte er »Die LOGI-Methode« (Systemed Verlag 2003), ein neues Diätbuch mit Rezepten.

Dr. Loren Cordain – Wie dieses Buch entstand

Mein Leben lang habe ich mir das Interesse an Gesundheit, körperlicher Fitneß und Ernährung bewahrt. Im Frühjahr 1987 stieß ich auf Boyd Eatons Aufsatz, der heute als Klassiker gilt (Eaton SB, Konner M.: Paleolithic nutrition – a consideration of it's nature and current implications. N Engl J Med 1985; 12:283-289). Diese Arbeit hat mich stark beeindruckt; sie allein war der Anlaß, meine Forschungsaktivitäten auf die Ernährung unserer Vorfahren zu richten.

Boyd argumentierte in einer späteren Studie, daß Jäger und Sammler vor der Einführung des Ackerbaus selten oder nie Getreide verzehrt hätten. In den Wochen und Monaten danach vertiefte ich mich vollkommen in das Studium angestammter Ernährungsformen und verschlang alles, was mir an Literatur dazu in die Hände fiel. Zunächst sammelte ich alle Studien und Aufsätze in einem Aktenordner, den ich mit »Steinzeit-Ernährung« beschriftete. Doch mir wurde schnell klar, daß diese Einteilung angesichts des enormen Umfangs und der sich andeutenden Vielfalt der Themen nicht von Dauer sein konnte. Neue Einteilungen ergaben sich wie von selbst, je mehr ich dazu las. Die Menschen der Steinzeit verzehrten keine Milchprodukte, also legte ich einen Ordner mit der Aufschrift »Milch« an. Sie verzehrten auch kein Getreide, also beschriftete ich einen weiteren für dieses Thema. Doch gerade das Thema »Getreide« und dessen Potential, die Gesundheit auf vielfältige Weise zu beeinträchtigen erwies sich als derart umfangreich, daß die Unterlagen dazu schließlich eine ganze Reihe von Aktenordnern füllten.

Im Verlauf der folgenden sieben oder acht Jahre sammelte ich mehr als 500 Studien, die sich mit Getreide beschäftigten. Ich begann 1995 mit der Arbeit an dem vorliegenden Buch und hatte 1997, nach vielen Unterbrechungen, etwa die Hälfte zu Papier gebracht. Ich traf Boyd erstmals 1995 und zwei Jahre später lud er mich zu einer internationalen Konferenz über Fitneß und Ernährung ein, die Artemis Simopoulos in Griechenlands Hauptstadt Athen veranstaltete. Artemis war eine wundervolle Gastgeberin und in den zwei Wochen, die ich in Griechenland verbrachte, haben wir oft und lange über

Ernährung und Gesundheit gesprochen. Ich erzählte ihr, daß auf meinem Schreibtisch ein halbfertiges Manuskript über die nährstoffbedingten Unzulänglichkeiten des Getreide der Fertigstellung harrte. Ein gutes Jahr später fragte Artemis an, ob ich die Arbeit in drei Monaten fertigstellen und ihr zur Veröffentlichung in ihrem Magazin »World Review of Nutrition and Dietetics« überlassen würde. Das habe ich getan, der Rest ist Geschichte.

Für die Prüfung des Manuskripts und ihre konstruktive Kritik möchte ich folgenden Personen meinen Dank aussprechen: Jennie Brand-Miller, S. Boyd Eaton, Staffan Lindeberg, Klaus Lorenz und Norman Salem. Ich stehe tief in der Schuld von R. Shatin für seine wegweisenden Gedanken und Schriften.

Loren Cordain, Ph.D.
16. April 2004

»Hier ist Brot, es stärkt des Menschen Herz,
daher wird es Brot des Lebens genannt...«
(Mathew Henry: 1662-1714, Kommentar zum Psalm 104)

doch

»Der Mensch lebt nicht vom Brot allein...«
(Die Bibel, Matthäus 4,4)

KAPITEL 1

GETREIDE ALS GRUNDNAHRUNGSMITTEL

Die Zahl der Pflanzenarten, welche die Menschheit ernähren, ist bemerkenswert klein. Die meisten der 195.000 Arten der Blütenpflanzen sind mehr oder weniger eßbar; trotzdem werden nur 0,1 % oder weniger als 300 Arten für die Ernährung genutzt. 17 Pflanzenarten liefern annähernd 90 % der Nahrungsversorgung des Menschen, die verschiedenen Getreidearten haben daran den größten Anteil (siehe Tabellen 1, 2).

Wie Tabelle 1 zeigt, tragen die vier bedeutendsten Getreidesorten der Welt (Weizen, Mais, Reis und Gerste) mehr zur Nahrungserzeugung des Menschen bei, als die nächsten 26 Pflanzenarten zusammen. Acht Sorten Getreide, nämlich Weizen, Mais, Reis, Gerste, Sorghum,[a] Hafer, Roggen und Hirse liefern 56 % der Nahrungsenergie und 50 % allen Proteins, das auf Erden konsumiert wird [1]. Drei Sorten Getreide (Weizen, Mais und Reis) machen zusammen 75 % der Weltgetreideproduktion aus (siehe Tabelle 1).

Diese Zahlen belegen die Abhängigkeit der Menschheit vom Getreide als Hauptbestandteil der Ernährung. Wie Mangelsdorf [2] bereits treffend bemerkte: »Getreide stand buchstäblich zwischen [dem Überleben] der Menschheit und dem Hungertod«. Daher ist es so wichtig, daß wir die Aus-

a Sorghum – früher »Mohrenhirse« genannt, altes afrikanisches Getreide, das Trockenheit gut widersteht

Tab. 1 Die 30 bedeutendsten Nahrungspflanzen der Welt (eßbare Trockensubstanz, geschätzt), nach Harlan [3]

	Bezeichnung	Millionen Tonnen		Bezeichnung	Millionen Tonnen
1	Weizen	468	16	Bohnen	14
2	Mais	429	17	Erdnuß	13
3	Reis	330	18	Erbse	12
4	Gerste	160	19	Banane	11
5	Sojabohne	88	20	Weintraube	11
6	Rohrzucker	67	21	Sonnenblume	9.7
7	Sorghum	60	22	Jamswurzel	6.3
8	Kartoffel	54	23	Apfel	5.5
9	Hafer	43	24	Kokosnuß	5.3
10	Maniok	41	25	Baumwollsamen (Öl)	4.8
11	Süßkartoffel	35	26	Orange	4.4
12	Rübenzucker	34	27	Tomate	3.3
13	Roggen	29	28	Kohl	3.0
14	Hirse	26	29	Zwiebel	2.6
15	Rapssamen	19	30	Mango	1.8

wirkungen des Getreideverzehrs auf Gesundheit und Wohlergehen der Menschen verstehen.

Der moderne Mensch ist so abhängig geworden vom Getreideverzehr (oder anders ausgedrückt, von der Ernährung mit Grassamen), daß sich ein Autor [3] sogar zu der Aussage hinreißen ließ, wir seien »Kanarienvögel« geworden. Das war aber nicht immer so. In der langen Zeit, die der Mensch auf diesem Planeten verbrachte, hat er beinahe durchgehend auf den Verzehr von Getreide verzichtet [4]. Mit Ausnahme der letzten 10.000 Jahre, also nach dem Beginn des Ackerbaus, haben die Menschen – ohne Getreide – als

Tab. 2 Gesamtmenge der Lebensmittelarten (eßbare Trockensubstanz, geschätzt), nach Harlan [3]

	Bezeichnung	Millionen Tonnen
1	Getreide	1.545
2	Knollen	136
3	Hülsenfrüchte	127
4	alle Arten von Fleisch, Milch und Eiern	119
5	Zucker	101
6	Früchte	34

Jäger und Sammler gelebt, und zwar seit dem Auftreten der ersten aufrecht gehenden Menschen (Homo Erectus) vor 1,7 Millionen Jahren. Obwohl die ersten modernen Menschen (Homo Sapiens) bereits vor über 90.000 Jahren in Afrika auftraten, haben die Menschen vor der Steinzeit (vor 15.000 Jahren) ebenso wie die anderen Primaten,[a] so gut wie nie Getreide genutzt [4]. Mit Beginn des Eiszeitalters (vor etwa 10.000 Jahren) haben Jäger und Sammler sich gelegentlich auch von Getreide ernährt; allerdings war es, über das Jahr gesehen, offensichtlich nie ein Hauptnahrungsbestandteil [5].

Daraus wird deutlich, daß es in der Evolution des Menschen nur wenige oder gar keine Präzedenzfälle für den Verzehr von Grassamen gibt [6-8]. Wir hatten deshalb seit der Einführung des Ackerbaus vor 10.000 Jahren nur wenig Zeit (weniger als 500 Generationen), uns an ein Lebensmittel zu gewöhnen, das der Menschheit heute mehr Kalorien und Protein liefert, als alle anderen Nahrungsmittel zusammen.

a Primat – Herrentier; eine Halbaffen, Affen und Menschen umfassende Ordnung der Säugetiere

Tab. 3 Meilensteine in der Entwicklung von Getreide und Ackerbau

Ereignis	zurückliegende Zeit in Jahren	Ort
Beginn des Ackerbaus	10.000	Naher Osten
	8.000	Griechenland, Westafrika
	7-8.000	Zentral- und Südamerika
	7.000	China, Indien and Südostasien
	6.500	Pariser Becken, Frankreich
	6.000	Zentralafrika
	5.500	Skandinavien, England
Züchtung von Weizen u. Gerste	10.000	Naher Osten
Züchtung von Reis	7.000	China, Indien and Südostasien
Züchtung von Mais	7.000	Zentral- und Südamerika
Züchtung von Hirse	5-6.000	Afrika
Züchtung von Sorghum	5-6.000	Ostafrika
Züchtung von Roggen	5.000	Südwestasien
Züchtung von Hafer	3.000	Europa

Wie eingehend belegt werden kann, haben sich die Gene des Menschen in den letzten 40.000 Jahren kaum verändert [7]. Jene Lebensmittel, die der Menschheit vor Beginn des Ackerbaus zur Verfügung standen, bestimmen also – genetisch gesehen – auch heute noch des Menschen Bedarf an Nährstoffen. Doch obwohl sich unsere genetisch festgelegten Nährstoffbedürfnisse kaum verändert haben, hat sich die Ernährung mit dem Auftreten des Ackerbaus dramatisch gewandelt. Getreide als Grundnahrungsmittel ist eine recht junge Erscheinung in der Geschichte des Menschen (siehe Tabelle 3); es führte zu einer abrupten Abkehr von den Nahrungsmitteln, an die wir genetisch angepaßt sind. Aus diesem Widerspruch zwischen den genetisch festgelegten Nährstoffbedürfnissen des Menschen und seiner heutigen Ernährung ergeben sich viele der Zivilisationskrankheiten, unter denen die industrialisierte Menschheit zu leiden hat [9].

Obwohl Getreide ein Bestandteil beinahe aller hochentwickelten Zivilisationen ist, die die Menschheit hervorgebracht hat und heute sogar als Fundament der Lebensmittelpyramide (als Hauptnahrungsbestandteil) in den USA dient [10], gibt es deutliche Hinweise darauf, daß Getreide alles andere als ein optimales Lebensmittel für den Menschen ist. Wie es scheint, hat sich die genetische Ausstattung des Menschen, ebenso wie sein Körper, einer auf Getreide beruhenden Ernährung noch nicht vollständig angepaßt.

Die archäologische Perspektive

Als das Zeitalter des Paläolithikums [a] sich seinem Ende näherte, in der mesolithischen [b] Periode (vor 20.000-10.000 Jahren), kam es in Europa, Nordamerika und Asien auf breiter Front zu einem Aussterben der großen Säugetiere [11]. Das fiel zusammen mit einer grundlegend veränderten Nutzung der Umwelt, sowie anderer Nahrungsquellen durch die Jäger und Sammler. Überall auf der Welt begannen die Menschen, ausgedehnter zu jagen und zu sammeln; so wurden alle Nischen ihrer Umwelt besser genutzt. Waffen und Werkzeuge wurden kleiner, eleganter und leistungsfähiger [3]. Boote, Kanus, Harpunen, Fischernetze und -haken, sowie Dammbauten führten zu einer verstärkten Nutzung der Gewässer. Vögel und Wassergeflügel finden sich nun immer öfter in den fossilen Überresten menschlicher Nahrung. Zum ersten Mal tauchen vor 15.000 Jahren im Nahen Osten [6] Mahlsteine und grobe Mörser unter den archäologischen Funden auf; sie weisen auf den Beginn der Nutzung von Getreide durch den Menschen hin. Da Wildgräser nur kleine Körner liefern, die überdies schwer zu ernten und ohne Verarbeitung (Mahlen) und Kochen nur schwer zu verdauen sind [5, 12, 13], ist das Auftre-

a Paläolithikum – Altsteinzeit
b Mesolithikum – mittlere Steinzeit

ten von steinernen Mahlwerkzeugen ein wichtiger Hinweis darauf, wann und wo die Menschen begannen, Getreide in ihre Ernährung einzubeziehen.

Als im Pleistozän [a] (vor 10.000 Jahren) die Bevölkerungszahlen zunahmen und große Pflanzenfresser entweder ausgerottet oder sehr selten geworden waren, mußte die Menschheit zunehmend häufiger auf kleine Säugetiere, Fisch, Geflügel und gesammeltes Pflanzenmaterial zurückgreifen, um ihren Kalorienbedarf zu decken. Schrittweise, je mehr auch diese Ressourcen sich zu erschöpfen drohten, wurde angesichts wachsender Bevölkerungszahlen der Ackerbau zum vorherrschenden Lebensstil und das Getreide zum bestimmenden Kalorien- und Proteinlieferanten in vielen, wenn auch nicht in allen prähistorischen Kulturen [3, 14].

Während die Jäger und Sammler noch den überwiegenden Anteil ihres Kalorienbedarfs aus einer Vielzahl von Quellen deckten, nämlich dem Fleisch wilder Tiere, sowie mit Früchten und Gemüse – dabei griffen sie auf 100 bis 200 verschiedene Arten von Pflanzen und Tieren [15] zurück – wurde der Ackerbau treibende Mensch abhängig von nur wenigen Grundnahrungsmitteln auf Getreidebasis, dem Fleisch von drei bis fünf gezüchteten Tieren und zwischen 20 und 50 anderen pflanzlichen Lebensmitteln. In vielen Ländern der Dritten Welt, ebenso wie in einer Reihe von geschichtlich überlieferten Ackerbaukulturen, lieferte eine einzige Getreideart bis zu 80 % oder mehr der täglich verzehrten Kalorien; eine regelmäßige Kalorienzufuhr aus tierischen Quellen fand selten oder gar nicht statt [7, 16].

Als die vorwiegend auf Fleisch aufbauende Kost der Jäger und Sammler durch eine auf Getreide beruhende Ernährung ersetzt wurde, waren die Folgen in allen Erdteilen gleich: Das Höhenwachstum entwickelte sich rückläufig (die Menschen wurden kleiner) [4, 17-19], die Kindersterblichkeit nahm zu [19, 20], die Lebenserwartung sank (die Menschen starben früher) [19, 20], Infektionskrankheiten traten häufiger auf [19-22], Eisenmangelkrankheiten (Blutarmut) nahmen zu [19, 20, 22], ebenso wie Kno-

a Pleistozän – Eiszeitalter

chenerweichung, Deformationen des Schädels und andere auf Mineralstoffmängel zurückzuführende Knochenerkrankungen [4, 19, 20, 22] und es kam vermehrt zu Dentalkaries sowie anderen krankhaften Veränderungen des Zahnschmelzes [19, 20, 23]. In der Übersicht von 51 Arbeiten, die – bei Völkern überall auf der Erde und in unterschiedlichen Epochen – den Übergang vom Jäger und Sammler zum Ackerbauern untersuchten, kam Cohen [19] zu dem Schluß, daß stets ein Niedergang in Lebensqualität und -quantität feststellbar war; das Leben wurde schlechter und kürzer. Heute gibt es umfangreiche empirische [a] und klinische [b] Belege für die Annahme, daß viele dieser Gesundheitsschäden auf die überwiegend getreidebasierte Ernährung dieser frühen Ackerbauern zurückzuführen sind.

Getreide kann wahrhaftig als das zweischneidige Schwert der Menschheit gelten; ohne Getreide hätte es keine Neolithische Revolution [c] gegeben. Es wäre uns weder möglich, derart hohe Bevölkerungszahlen zu ernähren wie heute (mehr als 6 Milliarden Menschen), noch wären die ausgeprägten Sozialstrukturen entstanden, welche schließlich die technologisch-industrielle Kultur hervorgebracht haben, in der wir heute leben [21]. Die enorme Zunahme menschlichen Wissens hätte wahrscheinlich niemals stattgefunden, wäre der Ackerbau nicht eingeführt worden. Selbst unser Verständnis von Medizin, Wissenschaft und Universum ist die direkte Folge der Ausbildung sozialer Schichten, die erst durch die Neolithische Revolution geformt wurden [21]. Andererseits ist der Ackerbau auch für viele Fehlentwicklungen der menschlichen Gesellschaft verantwortlich, darunter große Kriege, Hungersnöte, Tyrannei, Seuchen sowie die Ausbildung von Gesellschaftsschichten und Klassenunterschieden [21].

a empirisch – durch Beobachtung festgestellt

b klinisch – durch ärztliche Untersuchung festgestellt

c Neolithische Revolution – Einführung des Ackerbaus in der Jungsteinzeit (Neolithikum). In der Folge wurde das unstete Leben als Jäger und Sammler für eine seßhafte Lebensweise aufgegeben.

Getreide liefert der Menschheit heute die meisten Kalorien und das meiste Protein; es hat dem Menschen eine Entwicklung ermöglicht, die ihn zur dominierenden Spezies auf diesem Planeten gemacht hat. Doch diese Vorherrschaft hat ihren Preis. Durch Getreide hat die Menschheit nicht nur ihre ursprüngliche Kultur dramatisch gewandelt, Getreide hat auch die ursprüngliche Ernährung verändert, an die wir uns im Laufe der Evolution über Äonen hinweg angepaßt hatten. Ob es uns gefällt oder nicht, wir sind nicht länger Jäger und Sammler. Doch unsere Gene sind noch die von Steinzeitjägern, deren Ernährungsbedürfnisse optimal an Wild, Früchte und Gemüse angepaßt sind, jedoch nicht an Getreide. Wir haben uns für den langen Weg in die totale Abhängigkeit vom Getreide entschieden, einen Weg ohne Wiederkehr. Deshalb ist es so wichtig, in den folgenden Kapiteln über die nährstoffbedingten Unzulänglichkeiten des Getreides aufzuklären.

*

KAPITEL 2

NÄHRSTOFFBEDINGTE UNZULÄNGLICHKEITEN DES GETREIDES

Bei genauer Untersuchung der Nährwerte zeigen alle Arten von Getreide typische Nachteile. Wie Tabelle 4 zu entnehmen ist, enthält Getreide kein Vitamin A und mit der Ausnahme von gelbem Mais enthält auch kein Getreide dessen Stoffwechselvorläufer Beta-Carotin. Darüber hinaus findet sich in keinem Getreide Vitamin C oder Vitamin B-12. In den meisten westlichen Industrieländern haben diese Unzulänglichkeiten beim Vitamingehalt keine oder nur geringe Konsequenzen, da die Ernährung nicht allein auf Getreide beruht, sondern abwechslungsreich ausfällt durch Fleisch (eine gute Quelle für Vitamin B-12), Milchprodukte (eine Quelle für die Vitamine A und B-12), sowie frisches Obst und Gemüse (eine gute Quelle für Vitamin C und Beta-Carotin).

Wenn aber zunehmend mehr Getreideprodukte den Speiseplan besetzen, verdrängen sie jene Kalorien, die sonst von anderen Lebensmitteln (Fleisch, Milchprodukten, Obst und Gemüse) stammen würden; so gerät die Balance der Nährstoffe aus dem Gleichgewicht. In einigen Ländern Südasiens, Zentralamerikas, im Fernen Osten und in Afrika macht der Verzehr von Getreideprodukten bis zu 80 % der Gesamtkalorienzufuhr aus [16]; in wenigstens der Hälfte aller Länder der Welt liefert Brot mehr als 50 % der gesamten Kalorien [16]. In den Ländern, wo der Getreideanteil in der Ernährung überwiegt, sind Vitamin-, Mineralstoff- und andere Ernährungsmängel weit verbreitet.

Tab. 4 Vitamin-/Mineralstoffgehalt von 8 Rohgetreiden (in mg pro 100g)

	Weizen	Mais	Reis	Gerste	Sorghum	Hafer	Roggen	Hirse
Vitamine (mg)								
B-1	0,38	0,39	0,40	0,65	0,24	0,76	0,32	0,42
	(35 %)	(35 %)	(36 %)	(59 %)	(22 %)	(69 %)	(29 %)	(38 %)
B-2	0,12	0,20	0,09	0,29	0,14	0,14	0,25	0,29
	(9 %)	(15 %)	(7 %)	(22 %)	(11 %)	(11 %)	(19 %)	(22 %)
B-3	5,47	3,63	5,09	4,60	2,92	0,96	4,27	4,72
	(36 %)	(24 %)	(34 %)	(31 %)	(20 %)	(6 %)	(28 %)	(31 %)
B-6	0,30	0,62	0,51	0,32	k.A.	0,12	0,29	0,38
	(21 %)	(39 %)	(32 %)	(20 %)	(k.A.)	(7 %)	(18 %)	(24 %)
Folat	38,2	19,0	19,5	19,0	k.A.	56,0	59,9	85,0
	(21 %)	(11 %)	(11 %)	(11 %)	(k.A.)	(31 %)	(33 %)	(47 %)
Pantothensäure	0,95	0,42	1,49	0,28	k.A.	1,35	1,46	0,85
	(17 %)	(8 %)	(27 %)	(5 %)	(k.A.)	(24 %)	(26 %)	(15 %)
Biotin	k.A.	k.A.	k.A.	k.A.	k.A.	k.A.	k.A.	k.A.
	(k.A.)	(k.A.)	(k.A.)	(k.A.)	(k.A.)	(k.A.)	(k.A.)	(k.A.)
E	k.A.	0,49	0,68	0,57	k.A.	1,09	1,28	0,05
	(k.A.)	(6 %)	(9 %)	(7 %)	(k.A.)	(14 %)	(16 %)	(1 %)
Mineralien (mg)								
Kalium	363	287	223	452	350	429	264	195
	(18 %)	(14 %)	(11 %)	(23 %)	(17 %)	(21 %)	(13 %)	(10 %)
Natrium	2	35	7	12	6	2	6	5
	(0 %)	(1 %)	(0 %)	(1 %)	(0 %)	(0 %)	(0 %)	(0 %)
Calcium	29,0	7,0	23,0	33,0	28,0	53,9	33,0	8,0
	(4 %)	(1 %)	(3 %)	(4 %)	(4 %)	(7 %)	(4 %)	(1 %)
Phosphor	288	210	333	264	287	523	374	285
	(36 %)	(26 %)	(42 %)	(33 %)	(36 %)	(65 %)	(47 %)	(36 %)
Magnesium	126	127	143	133	k.A.	177	121	114
	(45 %)	(45 %)	(51 %)	(48 %)	(k.A.)	(63 %)	(43 %)	(41 %)
Eisen	3,19	2,71	1,47	3,60	4,40	4,72	2,67	3,01
	(21 %)	(18 %)	(10 %)	(24 %)	(29 %)	(31 %)	(18 %)	(20 %)
Zink	2,65	2,21	2,02	2,77	k.A.	3,97	3,73	1,68
	(22 %)	(18 %)	(17 %)	(23 %)	(k.A.)	(33 %)	(31 %)	(14 %)
Kupfer	0,43	0,31	0,27	0,50	k.A.	0,63	0,45	0,75
	(19 %)	(14 %)	(12 %)	(22 %)	(k.A.)	(28 %)	(20 %)	(33 %)
Mangan	3,98	0,46	3,75	1,95	k.A.	4,92	2,68	1,63
	(114 %)	(14 %)	(107 %)	(56 %)	(k.A.)	(140 %)	(77 %)	(47 %)
Selen	0,043	0,004	k.A.	0,066	k.A.	k.A.	k.A.	k.A.
	(78 %)	(8 %)	(k.A.)	(120 %)	(k.A.)	(k.A.)	(k.A.)	(k.A.)

Werte in Klammern – RDA in Prozent (Recommended Daily Allowance, in den USA empfohlene tägliche Zufuhr). Keine dieser Getreidesorten enthält die Vitamine A, C, D, oder B-12.

Die Vitamine A, C und Beta-Carotin

Der Mangel an Vitamin A ist auch heute noch eines der größten Probleme in der Gesundheitsversorgung der Dritten Welt [24]. Nach Schätzungen leiden weltweit 20-40 Millionen Kinder zumindest unter einem leichten Vitamin A-Mangel [25]. Ein Mangel an Vitamin A ist die Hauptursache für Xerophtalmie [a] und Erblindung; darüber hinaus ist es ein bestimmender Faktor für Erkrankungen und Sterblichkeit im Kindesalter [26]. Ein Mangel an Vitamin A führt zu einer erhöhten Anfälligkeit für Infektionen, zu einem ernsteren Verlauf der Erkrankungen und zu einer erhöhten Sterblichkeit [27]. Eine kürzlich durchgeführte Meta-Analyse [28] von 20 Studien zur Vitamin A-Versorgung bei Kindern in der Dritten Welt ergab, daß die Nahrungsergänzung mit Vitamin A die generelle Kindersterblichkeit um 30-38 % verringert. Die Untersuchung der fallspezifischen Sterblichkeit zeigte auf, daß die Nahrungsergänzung mit Vitamin A die Sterblichkeitsrate bei Durchfallerkrankungen um 39 % senkte, bei Atemwegserkrankungen um 70 % und bei allen anderen Todesursachen um 34 % [28]. Man muß sich vor Augen halten, daß der Vitamin-A Mangel bei den Kindern der Dritten Welt durch exzessiven Verzehr von Getreideprodukten ausgelöst wird; diese verdrängen Obst und Gemüse als Lieferanten von Beta-Carotin, sowie Vitamin A-reiche Lebensmittel (Milchfett, Eigelb und Innereien) vom Speiseplan.

Wie in unzähligen epidemiologischen [b] Studien nachgewiesen, geht ein erhöhter Verzehr von Obst und Gemüse mit einem gesenkten Risiko für viele Arten von Krebs [29, 30] und koronaren Herzerkrankungen (KHK) [31, 32] einher. Obst und Gemüse reduzieren das Auftreten von Krebs und KHK durch einen hohen Gehalt an Antioxidantien, darunter Vitamin C, Carotinoide und andere pflanzliche Inhaltsstoffe. Doch Schätzungen zufolge erhalten 45 % der Bevölkerung in den USA weder Obst, noch Fruchtsaft und 22 %

a Xerophtalmie – durch unzureichende Vitamin A-Zufuhr ausgelöste Augenveränderungen

b Epidemiologie – Wissenschaft von der Entstehung, Verbreitung und Bekämpfung von Massenerkrankungen

verzehren kein Gemüse [33]. Darüber hinaus erreichen 91% der erwachsenen US-Bevölkerung nicht die vom US-Landwirtschaftsministerium empfohlene, tägliche Zufuhr von 2-3 Portionen Obst und 3-5 Portionen Gemüse [33]. Offen zutage tretender Vitamin C-Mangel ist in den USA und den westlichen Industrieländern so gut wie unbekannt, doch bei der Landbevölkerung in Indien weit verbreitet. Dort beruht die Ernährung auf Getreide und Hülsenfrüchten; Vitamin C-reiches Obst und Gemüse werden nur in geringen Mengen zugeführt [34]. Noch einmal: Getreide enthält weder Vitamin C, noch Carotinoide, doch es verdrängt sehr leicht andere Lebensmittel, die reich an diesen Substanzen sind; nämlich jene, deren Verzehr ein gesenktes Risiko für Krebs [35] und Herzkrankheiten [31, 32] verspricht.

Eine Ernährung auf der Grundlage von Getreide und Hülsenfrüchten, wie in der Dritten Welt üblich, weist in der Regel einen deutlich niedrigeren Gesamtfettgehalt auf; sie liefert überdies weniger gesättigte Fette und Cholesterin als die fleischorientierte Ernährung der westlichen Industrieländer [36]. Paradoxerweise liegt in der Dritten Welt die Sterblichkeit durch koronare Herzerkrankungen gleich hoch [36, 37], in einigen Fällen sogar achtmal höher [36]. Die Versorgung mit Antioxidantien bei KHK-gefährdeten Personen, die sich überwiegend von Getreide und Hülsenfrüchten ernähren, fällt erwiesenermaßen gering aus [36, 38]. Da der Verzehr von Obst und Gemüse das KHK-Risikoprofil dieser Bevölkerungsgruppe verbessert [39], erscheint es durchaus möglich, daß die hohe Zufuhr von Getreide antioxidantienreiches Obst und Gemüse vom Speiseplan verdrängt und zumindest teilweise zur hohen Todesrate durch KHK beiträgt.

B-Vitamine

Eine vorwiegend oder allein auf pflanzlichen Quellen beruhende Ernährung liefert entweder nur sehr wenig oder gar kein Vitamin B-12, da dieser Nährstoff nur in tierischen Produkten vorkommt [40]. Ein Mangel an Vitamin B-12 verursacht die sog. Megaloblastäre Anämie, eine spezielle Form der

Blutarmut, gekennzeichnet durch fehlgebildete rote Blutkörperchen. Unbehandelt kann diese Erkrankung das Nervensystem unwiderruflich schädigen und schwere Verhaltensstörungen auslösen [41]. Überdies führt ein anhaltender B-12-Mangel zu erhöhten Homocystein-Werten [42, 43], die einen bedeutenden Risikofaktor bei der Entstehung arterieller Gefäßkrankheiten und Thrombosen [a] darstellen [43, 44]. Ein Mangel an Vitamin B-12 wird im Allgemeinen selten unterstellt, da eine gemischte Kost genügend davon liefert und das Vitamin in der Leber gespeichert werden kann [40]. In Ländern wie Indien allerdings, wo die Ernährung überwiegend auf Getreide und Hülsenfrüchten beruht, ist der Mangel an Vitamin B-12 weit verbreitet [45, 46]. Selbst die Vorteile einer Aufwertung der traditionellen Kost aus Hülsenfrüchten und Getreide mit geringen Mengen tierischer Produkte wird durch das Auftreten von in der Dritten Welt weitverbreiteten Darminfektionen zunichte gemacht. Es gilt als erwiesen, daß die Erkrankung einen angegriffenen B-12 Status verschlechtert und zu weit verbreiteten Mängeln an Vitamin B-12 führt [47]. Eine vegetarische Ernährung auf der Grundlage von Getreide, Hülsenfrüchten und anderen Pflanzen kann also nicht der einzige Bestandteil gewesen sein, der das menschliche Genom [b] geformt hat; das zeigt der Bedarf des Menschen an Vitamin B-12 ganz deutlich.

Von Vitamin B-12 einmal abgesehen, halten viele Ernährungswissenschaftler Getreide für eine gute Quelle von B-Vitaminen. Ein Blick auf Tabelle 4 scheint diese Annahme zu stützen, zumindest was die Werte in Prozent der empfohlenen täglichen Aufnahme angeht. Wichtiger in diesem Zusammenhang ist aber die Frage nach der tatsächlichen Nutzbarkeit der im Getreide enthaltenen B-Vitamine, sowie dessen Vitamingehalt nach dem Mahlen, Verarbeiten und Kochen bzw. Backen. Es kann nur als Ironie der Geschichte bezeichnet werden, daß zwei der schlimmsten Vitamin B-Mangelerkrankun-

a Thrombus – Blutgerinnsel; Thrombose wird der Verschluß eines Blutgefäßes durch ein Blutgerinnsel genannt

b Genom – Chromosomensatz in der Zelle, enthält die Erbmasse

gen, die den Menschen nach Einführung des Ackerbaus heimgesucht haben – Pellagra und Beriberi – allein auf den exzessiven Verzehr von Getreide zurückzuführen sind.

Beriberi [a] wird durch einen Mangel an Thiamin (Vitamin B-1) verursacht, der auf den Verzehr von weißem, geschälten Reis zurückzuführen ist. Mit der Einführung von weißem Reis im späten 19. Jahrhundert erreichte die Beriberi epidemische Ausmaße in Japan und anderen Ländern Südostasiens [48]. Zu Beginn des letzten Jahrhunderts durchgeführte Experimente am Menschen ergaben, daß die Krankheit nur bei Leuten auftrat, die weißen Reis verzehrten, nicht aber bei jenen, die braunen, ungeschälten Reis erhielten [48]. Die Verarbeitung des Reises mit der Entfernung der Schale, welche das B-Vitamin Thiamin enthält, wurde als Auslöser der Beriberi in den reisanbauenden Völkern erkannt [48]. Durch die Einführung von »angereichertem« Reis, dem Thiamin zugefügt wurde, ist die Beriberi weitgehend verschwunden. In einigen afrikanischen Ländern, wo viel weißer Reis verzehrt wird, tritt sie allerdings heute noch auf [49].

Bei Pellagra [b] handelt es sich um eine multiple Mangelerkrankung; [c] es tritt auf, wenn sowohl Niacin (Vitamin B-3) fehlt, als auch die Aminosäure Tryptophan [14]. Pellagra tritt fast ausschließlich bei Völkern auf, die Mais als Grundnahrungsmittel nutzen. Zwischen 1906 und 1940 ereignete sich in den Südstaaten der USA eine Pellagra-Epidemie mit geschätzten 3 Millionen Fällen und mindestens 100.000 Toten [50]. Ähnliche Epidemien ereigneten

a Beriberi – Vitamin B-1 Mangelkrankheit, äußert sich in einem allgemeinen Kräfteverfall, Lähmungen, sowie Herzschwäche und führt unbehandelt zum Tode. Beriberi trat auch in Europa gelegentlich auf, wenn die Ernährung im Winter nur auf Weißmehl beruhte.

b Pellagra – Falls es an Niacin selbst fehlt, greift der Körper auf Tryptophan zurück, um Niacin zu produzieren. Fehlen beide Substanzen in der Nahrung, kommt es zur Pellagra, gekennzeichnet durch Schwäche, Gedächtnis- und Schlafstörungen, Durchfall und Hautveränderungen; unbehandelt führt die Krankheit zum Tode.

c multipler Mangel – vielfältiger Mangel

sich in Europa und Indien [51]; in Teilen Afrikas ist Pellagra immer noch weit verbreitet [52, 53].

Eine Verabreichung von Niacin läßt die Pellagra-Symptome schnell verschwinden. Trotzdem bleibt in der Wissenschaft das ungute Gefühl zurück, noch nicht alle Faktoren im Mais entdeckt zu haben, die zu verdeckten Symptomen der Pellagra führen [54, 55]. Die traditionelle Verarbeitung von Mais mit Kalk (durch 30-50-minütiges Kochen des getrockneten Maismehls in einer 5%-Kalklösung) verhindert Pellagra; wie man annahm, durch eine verbesserte Bioverfügbarkeit[a] des Niacins [14]. Eine jüngere Studie allerdings [55], welche die historische, pellagra-auslösende Kost neu analysierte, fand darin – selbst nach Berücksichtigung der niedrigen Bioverfügbarkeit des Niacins – eine ausreichende Anzahl von Niacin-Äquivalenten[b] (Niacin + 0,0166 x Tryptophan). Statt eines Mangels an Niacin und Tryptophan mußten also andere Faktoren im Mais für die Krankheit verantwortlich sein.

Wie alle Getreide ist auch der Mais reich an sog. Antinutrienten,[c] darunter auch Lektine, von denen bekannt ist, daß sie im Darm die Aufnahme vieler wichtiger Nährstoffe behindern [56, 57]. Eine Verkümmerung der Dünndarmzotten ist in Pellagra-Patienten nachgewiesen worden [58]. So erscheint es durchaus möglich, daß entweder bestimmte Antinutriente im Mais die Aufnahme von Niacin und Tryptophan behindern oder vielleicht Antinutri-

a Bioverfügbarkeit – auch »biologische Verfügbarkeit«; gemeint ist der vom Menschen nutzbare Anteil einer Substanz in der Nahrung. In der Ernährungswissenschaft wird noch zu häufig mit dem absoluten Gehalt eines Nährstoffs argumentiert; doch diese Zahl sagt wenig darüber aus, wieviel der Mensch effektiv davon nutzen kann, wie hier am Beispiel des Niacins deutlich wird.

b Niacin-Äquivalent – von lat. *äquivalent* (gleichwertig). Niacin steht als Sammelbezeichnung für die Abkömmlinge der Pyridin-3 Carbonsäure wie z.B. Nicotinsäure, Nicotinsäureamid, Nicotinamid-Adenin-Dinukleotid etc. Die Vitamin B-3-Wirkung der verschiedenen Substanzen wird in Niacin-Äquivalenten gemessen.

c Antinutrient – von griech. *anti* (gegen) und engl. *nutrient* (Nährstoff); eine Substanz, die die Nährstoffaufnahme behindert, also antinutritiv wirkt.

ente im Blut die Umwandlung von Tryptophan zu Niacin stören. Letzteres ist vom Isoniazid bekannt, einem Medikament gegen Tuberkulose, das pellagraähnliche Symptome auslöst [59].

Obwohl Tabelle 4 nahelegt, daß – Hafer einmal ausgenommen – die meisten Getreidesorten als recht gute Quellen für Vitamin B-6 dienen können, so fällt wiederum die Bioverfügbarkeit von B-6 aus Getreide niedrig aus. Im Gegensatz dazu ist die Bioverfügbarkeit von B-6 aus tierischen Produkten sehr hoch, sie reicht an 100 % heran [60]. Vitamin B-6 liegt in der Nahrung in drei nicht phosphorylierten [a] Formen vor (Pyridoxin, Pyridoxal und Pyridoxamin) sowie in zwei phosphorylierten Formen von Pyridoxal und Pyridoxamin. Eine zusätzliche, glykosilierte [b] Form, das Pyridoxin-Glukosid, kommt verbreitet in Getreide vor; es vermindert sowohl die Bioverfügbarkeit der nicht phosphorylierten als auch der phosphorylierten Formen des Vitamin B-6 um 75-80 % [60-61].

Tatsächlich löst die Anwesenheit von Pyridoxin-Glukosid im Getreide eine allgemeine Verschlechterung der Vitamin B-6 Versorgung aus [62]. Daten von stillenden Müttern aus Nepal, die sich vegetarisch ernähren, zeigen einen niedrigen B-6 Status sowohl bei der Mutter, als auch beim Kind. Das wird unter anderem auf den hohen Gehalt von Pyridoxin-Glukosid ihrer an Getreide, Hülsenfrüchten und anderen pflanzlichen Quellen reichen Ernährung zurückgeführt [60]. Ein Mangel an Vitamin B-6 ist weit verbreitet bei Völkern, die sich überwiegend von Getreide und Hülsenfrüchten ernähren [63, 64]. Eine unzureichende Versorgung mit Vitamin B-6, ebenso wie mit Vitamin B-12, führt zu erhöhten Homocystein-Spiegeln im Blut und so zu einem erhöhten Risiko für arterielle Gefäßkrankheiten [43]. Bis heute sind die Homocystein-Spiegel bei den Völkern des indischen Subkontinents, die sich überwiegend von Getreide und Hülsenfrüchten ernähren, nicht

a Phosphorylierung – Veresterung mit Phosphorsäure
b Glykosilierung – Verzuckerung
c Enzym – Verbindung in den Körperzellen, die den Stoffwechsel steuert

Abb. 1 Der Biotinstoffwechsel

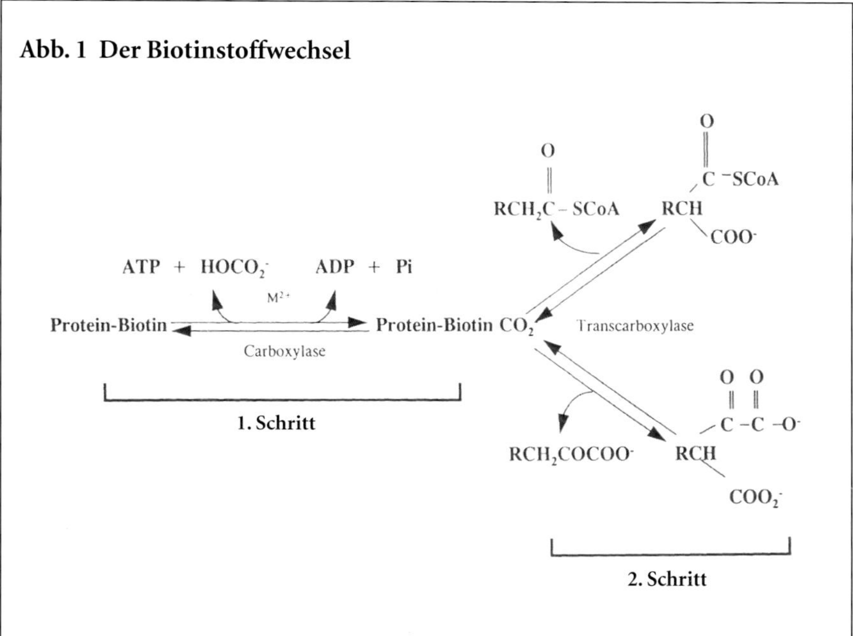

Die biotin-abhängige Carboxylierung geschieht in zwei Schritten. Zunächst erfolgt die Bildung des Carboxyl-Biotinyl-Enzyms (1. Schritt), danach der Carboxyltransfer zu einem passenden Akzeptanzsubstrat, abhängig davon, welche spezifische Transcarboxylase eingebunden ist (2. Schritt).

bestimmt worden; trotz der dort auftretenden hohen Todesrate durch koronare Herzerkrankungen [36].

Das vielleicht am wenigsten untersuchte Vitamin des B-Komplexes ist das Biotin. Wie Tierstudien ergeben haben, weisen die meisten Getreidearten (ausgenommen der Mais) nur sehr kleine Mengen bioverfügbaren Biotins auf [65, 66]. Tierische Lebensmittel dagegen können mit einer hohen Verfügbarkeit des enthaltenen Biotins dienen [66]. Weizen und Sorghum zeigen nicht nur eine geringe Bioverfügbarkeit des Biotins, sondern scheinen auch Substanzen zu enthalten, die den Biotinstoffwechsel hemmen [66]. Das Enzym c

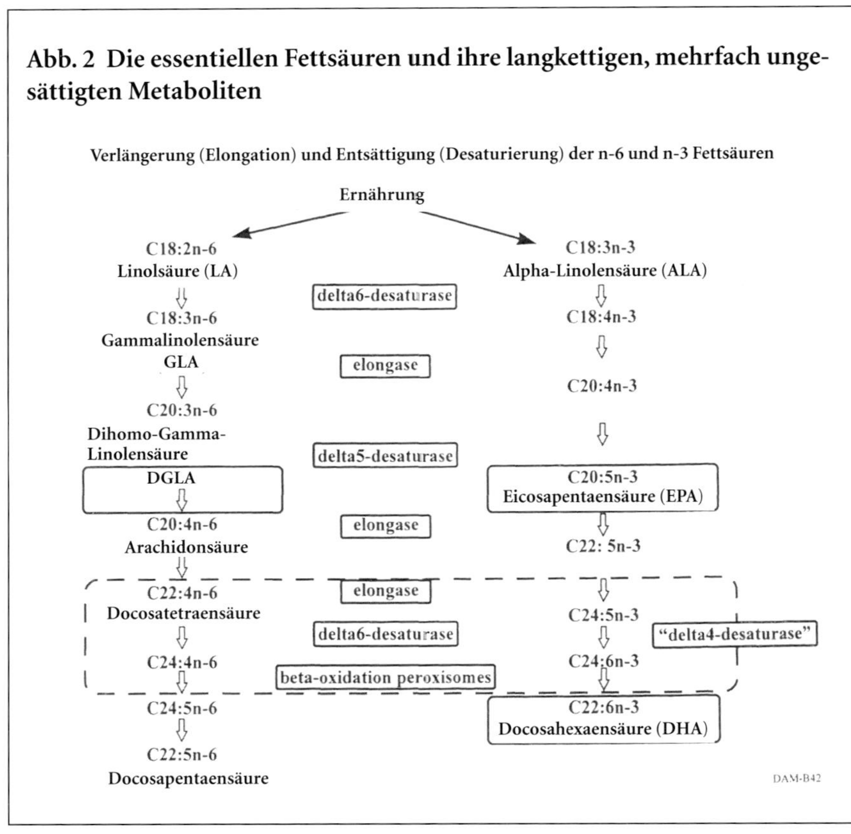

Abb. 2 Die essentiellen Fettsäuren und ihre langkettigen, mehrfach ungesättigten Metaboliten

Biotinidase recycelt das Biotin, welches beim Abbau der biotin-abhängigen Carboxylasen frei wird, sowie das Biotin aus dem Nahrungsprotein (siehe Abbildung 1). Ob Antinutriente im Getreide die Biotinidase beeinträchtigen, ist nicht bekannt. Doch die biotin-abhängigen Carboxylasen stellen einen bedeutenden Stoffwechselschritt in der Synthese der Fettsäuren dar. Ein Mangel an Biotin führt zu einer ausgeprägten Hemmung der Kettenverlängerung und Entsättigung, durch die im Körper Linolsäure zu Arachidonsäure umgebaut wird [67] (siehe dazu Abbildung 2). Ein Biotinmangel bei Ratten äußert sich durch auffällige Hautveränderungen wie Abschuppungen, entzündliche Akne (Seborrhöe) und Haarausfall (Alopezie) [68]; ein Mangel an Biotin oder Biotinidase führt beim Menschen zu den gleichen Symptomen. Jüngere Studien zur Nahrungsergänzung mit Biotin haben ergeben, daß dieses Vitamin brüchige Fingernägel härtet [69]. Leute, die ein bis zwei Jahre eine Pritikin-Diät durchgeführt haben (eine sehr fettarme Diät, die vorwiegend auf Getreideprodukten basiert), entwickelten Längsrillen auf den Fingernägeln [70]. Es bleibt unklar, ob diese Symptome durch einen gestörten Biotin-Stoffwechsel hervorgerufen werden, doch die verfügbaren Studien zu diesem bislang kaum untersuchten Vitamin legen nahe, daß eine getreidebasierte Ernährung im Tierversuch Biotinmängel hervorruft.

Mineralstoffe

Tabelle 4 listet den Mineralstoffgehalt der Getreidesorten auf, die weltweit am häufigsten verzehrt werden, sowie – jeweils bezogen auf 100 g – deren Anteil an der täglich empfohlenen Zufuhr in Prozent (RDA).[a] Es fällt ins Auge, daß Getreide hinsichtlich der Mineralstoffe eine schlechte Quelle für Natrium und Calcium darstellt, aber angemessene Mengen von Phosphor, Kalium und Magnesium enthält. In Tabelle 4 sind nicht alle Mineralien aufgeführt, doch es wird deutlich, daß Getreide mittlere Mengen (10-33 %) an Zink, Kupfer und Eisen enthält, sowie große Mengen Mangan.

Calcium

Es scheint so, daß – abgesehen von Calcium und Natrium – Getreide angemessene Mengen der meisten Mineralstoffe enthält. Und da die Ernährung in

a RDA – von engl. *Recommended Daily Allowance*, US-Empfehlungen für die tägliche Zufuhr von Vitaminen und Mineralien. Die RDA liegt in einigen Fällen (z.B. Vit. C) niedriger, in vielen Fällen aber deutlich höher als die Zufuhrempfehlungen der Deutschen Gesellschaft für Ernährung.

den westlichen Industrieländern ohnehin zuviel Natrium (in Form von Kochsalz) liefert [71], wäre der niedrige Natriumgehalt sogar von Vorteil. Auch die in Getreide enthaltenen niedrigen Calciummengen stellen auf den ersten Blick kein Problem dar, denn Milchprodukte und grüne Blattgemüse können als gute Calcium-Lieferanten dienen – vorausgesetzt, sie stehen regelmäßig auf dem Speiseplan. Doch gilt auch für die Mineralstoffe, wie im Falle der Vitamine: Je mehr Getreide verzehrt wird, desto weniger Platz bleibt für Milchprodukte und Gemüse als Calciumquelle. Getreide weist darüber hinaus ein niedriges Verhältnis von Calcium zu Phosphor auf (Ca/P-Verhältnis von 0,08 – siehe Tabelle 4), das sich negativ auf das Knochenwachstum und den gesamten Stoffwechsel auswirken kann. Die Zufuhr von Phosphorüberschüssen bei normaler oder gar niedriger Calciumzufuhr führt zur Vergrößerung aller vier Nebenschilddrüsen (Hyperparathyreoidismus) und einem fortschreitenden Verlust an Knochensubstanz (Osteoporose) [72]. Das empfohlene (und ideale) Ca/P-Verhältnis beträgt 1:1, doch in den USA liegt es im Durchschnitt bei 0,64 für Frauen und 0,62 für Männer [72].

Neben einem unvorteilhaften Ca/P-Verhältnis zeichnet sich Getreide durch ein ziemlich niedriges Verhältnis von Calcium zu Magnesium aus (Ca/Mg-Verhältnis von 0,19 – siehe Tabelle 4); das begünstigt die Ausscheidung von Calcium, denn durch das Ungleichgewicht – zuwenig Magnesium – wird die Aufnahme des Calciums in Magen und Darm vermindert [73, 74]. Bei Vollkorngetreide fällt die Calciumbilanz noch schlechter aus; durch seinen hohen Anteil an Phytinsäure [a] steht das meiste Calcium für die Absorption gar nicht mehr zur Verfügung, da sich die Phytinsäure und Calcium zu unlöslichen Komplexen (Phytaten) verbinden [75]. Die Summe eines niedrigen Calciumgehalts, der niedrigen Ca/P- und Ca/Mg-Verhältnisse und der schlech-

a Phytinsäure – sekundärer Pflanzenstoff; vorhanden in pflanzlichen Samen und Getreideprodukten, Hülsenfrüchten und Ölsaaten. Es dient der Pflanze u.a. als Speicherform für Phosphor, bildet allerdings mit Mineralien unlösliche Salze, die sog. Phytate.

ten Bioverfügbarkeit durch einen hohen Phytatgehalt führen regelmäßig zu Knochenerkrankungen bei jenen Völkern, die auf Getreide als Grundnahrungsmittel angewiesen sind. Überall, wo Getreide die Mehrzahl der Kalorien liefert, sind Knochenerweichung, Rachitis[a] und Osteoporose[b] an der Tagesordnung [76-79]. In diesem Zusammenhang wurde nachgewiesen, daß Getreide auch bei ausreichend Sonnenlicht Rachitis und Knochenerweichung auslöst [80].[c] Ferner besserten sich die Symptome von Rachitis und Knochenerweichung, wenn Betroffene statt ungesäuertem Vollkornbrot ein gesäuertes Weißbrot aus halb ausgemahlenem Mehl erhielten [77].

Ein hoher Verzehr von Vollkornprodukten beeinträchtigt den Knochenstoffwechsel nicht nur direkt durch eine unzureichende Calciumzufuhr, sondern auch indirekt durch eine Veränderung des Vitamin D-Stoffwechsels. Aus Tierversuchen ist schon lange bekannt, daß ein hoher Anteil von Getreide im Futter bei den unterschiedlichsten Arten einen Vitamin D-Mangel hervorruft [81-83], so auch bei den Primaten [84]. Epidemiologische Studien an Völkern, die große Mengen ungesäuertes Vollkornbrot verzehren, haben verbreitete Vitamin D-Mängel ergeben [85-87]. Eine Untersuchung am Men-

a Rachitis – die früher auch in Europa gefürchtete »Englische Krankheit«, so genannt, weil sie im Zuge der industriellen Revolution erstmals bei englischen Kindern auftrat, die während des ganzen Tages in Fabriken oder unter Tage arbeiten mußten. Durch ungenügende Calciumaufnahme kommt es zu schmerzhaften Veränderungen von Skelett- und Schädelknochen, im Endstadium zu schlimmen Verkrüppelungen wie einer Deformation der Wirbelsäule, Verformung des Beckens, Verkrümmungen der Beine, Abflachung des Hinterhaupts etc.

b Osteoporose – Verlust an Knochensubstanz, geht einher mit erhöhter Anfälligkeit für Knochenbrüche

c Es ist bekannt, daß Vitamin D (durch die Verbesserung der Calciumaufnahme) und Sonnenlicht (durch eine Steigerung der körpereigenen Vitamin D-Produktion) Rachitis vorbeugen bzw. heilen können. Offensichtlich muß aber die Rolle einer getreidereichen Ernährung in diesem Zusammenhang ebenfalls bedacht werden.

schen mit radioaktiv markiertem 25-Hydroxy-Vitamin D-3 (25(OH)D-3) konnte nachweisen, daß 60 g Weizenkleie pro Tag in nur 30 Tagen zu einem Rückgang des 25(OH)D-3 im Darm führten [88].

Die Hintergründe der Beeinträchtigung des Vitamin D-Stoffwechsels durch Getreideverzehr bleiben im Dunkeln. Einige Wissenschaftler sind der Ansicht, daß Getreide in der Leber den Kreislauf des Vitamin D oder eines seiner Zwischenprodukte stört [84, 88]; andere haben nachgewiesen, daß ein Calcium-Mangel die Ausschaltung von Vitamin D in der Leber beschleunigt [89]. Letzteres wird durch 1,25-Dihydroxy-Vitamin D (1,25(OH2)D) gefördert, das als Reaktion auf die Vergrößerung der Nebenschilddrüsen gebildet wird und in der Leber zum Umbau des Vitamin D in eine unwirksame Form dient, welche dann über die Galle ausgeschieden wird [89]. Daraus läßt sich schließen, daß durch das niedrige Ca/P-Verhältnis im Getreide das Hormon der Nebenschilddrüse (Parathormon) erhöht wird, was wiederum eine erhöhte Produktion von 1,25(OH2)D anstößt, die zu einem beschleunigten Abbau von 25-Hydroxy-Vitamin D führt.

Eisen

Neben den schädlichen Auswirkungen auf den Calcium-Stoffwechsel kann Getreide, im Übermaß verzehrt, auch den Eisen-Stoffwechsel negativ beeinflussen. Die Bioverfügbarkeit des Eisens im Getreide fällt wegen seines Ballaststoff- und Phytatgehalts recht gering aus [75, 90]. Eisenmangel ist heute weltweit das dringendste Ernährungsproblem; insgesamt 2,15 Milliarden Menschen sind davon betroffen, davon 1,2 Milliarden so schwer, daß sie an Blutarmut leiden [91, 92]. Die eindeutig nachgewiesene Ursache liegt in der schlechten Bioverfügbarkeit des Eisens in einer getreidebasierten Ernährung, die zum Alltag in vielen Entwicklungsländern gehört [93]. Die Verdrängung von eisenreichen, tierischen Produkten in der Ernährung durch Getreide, Hülsenfrüchte und andere Pflanzen ist die Hauptursache für die weltweite Eisenmangel-Epidemie. Eisenmangel schränkt die Arbeitsfähigkeit und Produktivität des Erwachsenen ein, begünstigt das Auftreten von Infektionen und verschlimmert diese und erhöht die Sterblichkeit von Mutter und Kind während der Entbindung und im Kindbett [94]. Die vielleicht schlimmste Auswirkung des Eisenmangels liegt in der oft unwiderruflichen Beeinträchtigung der Lernfähigkeit eines Kindes [94].

Eine ganze Reihe von Verbindungen im Getreide kann die Aufnahme von pflanzlichem Eisen hemmen, darunter Phytate [75], Tannine [95], Ballaststoffe [75], Lektine [96], Phosphate [97] und vermutlich weitere, noch nicht identifizierte Faktoren [98]. Hauptverantwortlich für die schlechte Eisenaufnahme aus Getreide ist allerdings der hohe Phytatanteil [98]. Eine kürzlich erschienene Untersuchung deutet darauf hin, daß Phytat beinahe vollständig entfernt werden müßte, um eine ungehemmte Eisenaufnahme zu ermöglichen [99]. Daher verringert eine Kost, die sich auf Vollkornmais [100] bzw. Reis [101], Weizen [102] und Hafer [103] stützt, die Eisenaufnahme. Pflanzliches Eisen wird besser aufgenommen, wenn ascorbatreiche[a] Früchte und Gemüse zusammen mit Getreideprodukten verzehrt werden [101]. Darüber hinaus reduziert die Beigabe von Hefe zum Teig (etwa für Sauerteig) den Phytatgehalt des Mehls [102]. Auch die Anreicherung von Getreide mit Eisen hat sich als effektive Maßnahme zur Verhinderung von Eisenmangel-Anämien erwiesen [104, 105].

Andere Mineralstoffe

Probleme ergeben sich nicht nur bei Calcium und Eisen, auch die Bioverfügbarkeit von Zink, Kupfer und Magnesium aus Getreide fällt gering aus [75]; die Aufnahme von Mangan, Chrom und Selen scheint dagegen ungehindert möglich [90]. Abgesehen vom Zink sind die Auswirkungen der Mineralstoffmängel durch Getreideverzehr bislang kaum untersucht. Vermutlich deshalb wird ein hoher Getreideverzehr noch nicht für Mängel an Kupfer, Magne-

a Ascorbat – Salz der Ascorbinsäure (Vitamin C)

sium, Mangan und Chrom in der Ernährung des Menschen verantwortlich gemacht. Doch es gibt überzeugende Hinweise dafür, daß bereits ein relativ hoher Getreideverzehr den Zinkstoffwechsel und damit Gesundheit und Wohlergehen des Menschen beeinträchtigt.

Zink

Untersuchungen mit radioaktiv markiertem Zink, durchgeführt an Ratten [106] und am Menschen [107], haben klar nachgewiesen, daß der Verzehr von Vollkorngetreide (Weizen, Roggen, Gerste, Hafer und Tritikale [a]) die Zinkaufnahme behindert. Ähnlich wie im Falle des Eisens scheint das Phytat auch die Hauptrolle bei der Hemmung der Zinkabsorption zu spielen [106, 107]; vermutlich sind aber noch andere Faktoren beteiligt [106]. Beim Menschen führt ein Mangel an Zink zum hypogonadalen [b] Minderwuchs, gekennzeichnet durch Wachstumsstörungen, eine Unterfunktion der Geschlechtsdrüsen und eine verzögert einsetzende Pubertät [108]. Unter der Landbevölkerung im Iran, wo ungesäuertes Vollkorn-Fladenbrot (Tanok) mindestens 50 % der täglich verzehrten Kalorien liefert [106], wurde die Häufigkeit von hypogonadalem Zwergwuchs auf 3 % aller zum Wehrdienst einberufenen, 19-jährigen Rekruten geschätzt [109]. Obwohl die errechnete Zinkaufnahme dieser Menschen die RDA übersteigt [109], wurde nachgewiesen, daß ein hoher Verzehr von Tanok für die negative Zinkbalance verantwortlich ist [110].[c]

Kürzlich durchgeführte Studien an Affen [111], die unter einem leichten Zinkmangel litten, sowie Versuche zur Nahrungsergänzung mit Zink, durchgeführt an Kindern [112] haben Reinholds frühere Arbeiten [109] bestätigt.

a Tritikale – Kreuzung aus Roggen und Weizen

b Gonaden – Geschlechtsdrüsen; Hoden bzw. Eierstöcke

c Ein weiterer Hinweis darauf, daß der Bioverfügbarkeit der Nährstoffe in Lebensmitteln mehr Aufmerksamkeit geschenkt werden muß.

Es konnte erneut gezeigt werden, wie ein marginaler [a] Zinkmangel – unabhängig von anderen Nährstoffen – das Höhenwachstum begrenzt. Der Einsatz von Hefe bzw. Sauerteig bei der Verarbeitung von Vollkornbrot kann den Phytatgehalt reduzieren und die Bioverfügbarkeit des Zinks verbessern [106], doch eine erhöhte Vitamin C-Zufuhr verbessert die Zinkaufnahme nicht [103]. Die Bioverfügbarkeit von Zink aus Fleisch fällt viermal höher aus, als die aus Getreide [113]. So beeinträchtigt die Verdrängung tierischer Lebensmittel durch Getreide und andere Pflanzenprodukte nicht nur den Zinkstoffwechsel der Menschen in den Entwicklungsländern, sondern auch in den westlichen Industrienationen, wo sich zunehmend mehr Menschen vegetarisch ernähren [114, 115].

Essentielle Fettsäuren

Getreide ist ziemlich fettarm (siehe Tabelle 6); im Durchschnitt stammen nur 3,6 % des Kaloriengehalts aus Fett. Trotzdem kann eine vorwiegend auf Getreide und Pflanzen beruhende Ernährung pro Person und Tag 5-10 g der mehrfach ungesättigten Linolsäure (LA) [b] liefern, die überwiegende Omega-6 (n-6) Fettsäure in Getreide [5]. Der Anteil an Linolensäure im Getreide ist sehr gering und die längerkettigen Omega-3 (n-3) Abkömmlinge der Linolensäure, darunter Eicosapentaensäure (EPA) und Docosahexaensäure (DHA), fehlen ganz. Daher weist eine Ernährung auf der Grundlage von Getreide, vor allem wenn sie noch durch pflanzliche Öle ergänzt wird, ein zu hohes Verhältnis von n-6 zu n-3 Fettsäuren auf (siehe Tabelle 6). Sie enthält zuwenig EPA und DHA, sowie der langkettigen Abkömmlinge von LA, darunter auch Arachidonsäure (AA).[c]

a marginal – auf der Grenze liegend; hier: leicht, kaum ausgeprägt

b LA – von engl. *Linoleic Acid* (Linolsäure); zusammen mit Linolensäure (engl. *Linolenic Acid*) zuerst aus Flachs (lat. *linum*) isoliert, daher die Namensähnlichkeit

c AA – von engl. *Arachidonic Acid* (Arachidonsäure)

Zwar kann der Körper des Menschen langkettige Fettsäuren aus kurzkettigen Vorläufern herstellen, doch dieser Prozeß verläuft nicht effizient [117]. Zudem müssen sich Linolsäure und Linolensäure dieselben Desaturasen [a] und Elongasen [b] teilen. Dabei kommt es zu einem Verdrängungswettbewerb, bei dem ein hoher Anteil von Linolsäure in der Ernährung die Bildung von EPA aus Linolensäure weitgehend hemmt; ein Mangel entsteht, wenn nicht gleichzeitig EPA aus Fisch oder Fleisch vorhanden ist. Einige der langkettigen Fettsäuren, z.B. Dihomo-Gamma-Linolensäure (20:3n-6),[c] AA (20:4n-6) und EPA (20:5n-3) sind von besonderer Bedeutung, weil sie als Vorläufer für die Synthese von Eicosanoiden dienen. Dabei handelt es sich um Prostaglandine, Prostacycline, Thromboxane und Leukotriene; alles hochwirksame, hormonähnliche Substanzen, die eine Vielzahl von Stoffwechselvorgängen beeinflussen, darunter die Zusammenballung der Blutplättchen und die Blutgerinnung, sowie Entzündungsprozesse [118]. Eine höhere Zufuhr von n-3 Fettsäuren, besonders von EPA, führt zu einer Senkung der Triglyzeride im Blut und zu einer verminderten Gerinnungsneigung des Blutes [119], sie reduziert die Symptome von Entzündungen und Autoimmunerkrankungen einschließlich Arthritis [120] und Darmentzündung [121]. Überdies haben epidemiologische Studien eine verminderte Todesrate aufgrund koronarer Herzerkrankungen bei den Völkern ergeben, die größere Mengen n-3 Fettsäuren zuführen [122].

Eine vegetarische Ernährung, die vorwiegend auf Getreide, Hülsenfrüchten und anderen Pflanzenprodukten beruht, weist bekanntlich ein hohes n-6/n-3 Verhältnis auf, da sie kein EPA und DHA enthält und zuwenig des Stoffwechselvorläufers Linolensäure [123]. Untersuchungen an Frühgeborenen, die an

a Desaturase – Entsättigungsenzym

b Elongase – Verlängerungsenzym

c Kurzformel zur Beschreibung der chemischen Struktur; 20:3n-6 steht für eine Kettenlänge von 20 Kohlenstoffatomen, 3 Doppelbindungen (bzw. 3-fach ungesättigt) und Omega-6 (die 1. Doppelbindung liegt am 6. Kohlenstoffatom).

einem DHA-Mangel litten, ergaben abnorme [a] Veränderungen an den Augen und im Gehirn [124]. Eine kürzlich durchgeführte Studie fand bei vegetarisch ernährten Müttern in Südasien niedrigere Blutwerte von EPA und DHA, als bei Müttern aus der westlichen Hemisphäre, die eine Mischkost bevorzugten [125]. Bei vegetarisch ernährten Müttern fielen auch die DHA-Werte im Nabelschnurblut geringer aus und die durchschnittliche Schwangerschaft endete 5,6 Tage eher, als in der fleischverzehrenden Vergleichsgruppe. Bei den Vegetarierinnen kamen vorzeitig einsetzende Wehen und Notfälle mit Kaiserschnitt öfter vor und das Geburtsgewicht der Kinder fiel ebenso geringer aus, wie der Kopfumfang und die Körperlänge der Neugeborenen [125].

In den USA hat das Ministerium für Landwirtschaft erst kürzlich Ernährungsempfehlungen in Form einer Lebensmittel-»Pyramide« veröffentlicht, bei der Getreideprodukte (darunter auch Nudeln) das Fundament bilden. Diese sollen – mit sechs bis elf Portionen täglich – in den größten Anteilen verzehrt werden. Dem wurde entgegengehalten, daß eine solche Ernährung Mängel an essentiellen Fettsäuren (EFA) [b] begünstigt und zum vermehrten Auftreten von Atherosklerose beiträgt [126]. Die Empfehlung für eine Ernährung mit wenig Fett und vielen Kohlenhydraten, die durch Margarineverzehr auch noch große Mengen an Trans-Fettsäuren enthält, führt zu EFA-Verlusten. Da die Standard-Ernährung in den USA erheblich weniger als die empfohlenen sechs bis elf Portionen Getreide enthält [127], erscheint es allerdings unwahrscheinlich, daß der Getreideverzehr allein den EFA-Status der amerikanischen Mischkost beeinflußt.

Doch es gibt Völker, bei denen ein exzessiver Getreideverzehr die Versorgung mit essentiellen Fettsäuren tatsächlich gefährdet. Untersuchungen an Vegetariern und Mischköstlern auf dem indischen Subkontinent, die den überwiegenden Anteil der täglich verzehrten Kalorien aus Getreide und Hül-

a abnorm – vom Normalen abweichend, krankhaft

b EFA – von engl. *Essential Fatty Acids* (essentielle Fettsäuren)

senfrüchten beziehen, haben wiederholt ein Übergewicht an n-6 Fettsäuren im Blut ergeben; die Werte von Linolsäure (18:2n-6) liegen höher und die der n-3 Fettsäuren (20:5n-3 und 22:6n-3) niedriger als bei den Bevölkerungen der westlichen Industrieländer [125, 128-130]. Diese Veränderungen im Fettsäurenprofil gehen einher mit einer Sterblichkeit durch koronare Herzerkrankungen, die entweder gleich hoch [36, 37] oder höher [36, 129, 130] liegt, als in den Industrieländern. Die genauen Ursachen für die hohe Zahl von koronaren Herzerkrankungen in Indien sind noch nicht ermittelt, doch niedrige Blutwerte an n-3 Fettsäuren erhöhen das Risiko für Herzkrankheiten durch eine Reihe von Vorgängen, welche die Blutfette beeinflussen, den Blutdruck und die Blutgerinnung, sowie Herzrhythmusstörungen auslösen können [119].

Auch die Überfrachtung der Ernährung in den westlichen Industrieländern mit einem zu hohen Anteil an n-6 Fettsäuren aus pflanzlichen Ölen, Margarine und Backfetten (auf Kosten von n-3) [131], sowie Ernährungsempfehlungen, die zum Verzehr von Getreideprodukten ermutigen (auf Kosten von Früchten, Gemüse, Meeresfrüchten und magerem Fleisch) tragen indirekt zu einem EFA-Profil bei, das koronare Herzkrankheiten begünstigt.

Es existieren überzeugende Belege dafür, daß die Oxidation von Low Density Lipoprotein [a] (LDL) eine wesentliche Rolle bei der Entstehung krankhafter Veränderungen der Blutgefäße spielt [132]. Eine linolsäurereiche Ernährung erhöht den Linolsäure-Gehalt von LDL und damit auch seine Anfälligkeit für die Oxidation [133]. Wie Blankenhorn et al. [b] [134] herausgefunden haben, führt eine vermehrte Aufnahme von Linolsäure beim Menschen zu einem deutlich erhöhten Risiko, atherosklerotische Läsionen [c] in

a Low Density Lipoprotein – (engl.) Lipoprotein mit geringer Dichte; transportiert Cholesterin in die Zellen

b et al. – von lat. *et alii* (und andere)

c Läsion – Verletzung der Innenwand der Blutgefäße, die Ablagerungen begünstigt; Vorstufe zur Atherosklerose (Gefäßverkalkung)

den Koronararterien zu entwickeln. Darüber hinaus beeinflußt auch der Linolsäuregehalt im Fettgewebe die Ausprägung einer koronaren Herzerkrankung, wie an Patienten, die sich einer Angiographie [a] unterzogen, festgestellt wurde [135]. Da eine Ernährung auf der Grundlage von Getreide bzw. Hülsenfrüchten sehr reich an Linolsäure ist (siehe Tabelle 6), wurden bei Völkern, die sich damit ernähren, höhere Linolsäure-Werte im Blut festgestellt, als bei westlichen Bevölkerungen [125, 129]. Es wäre also durchaus möglich, daß die hohe Sterblichkeit bei diesen Völkern [36, 129, 130] zumindest teilweise auf eine hohe Linolsäure-Aufnahme zurückzuführen ist, welche die Oxidation von LDL begünstigt.

Diese Tatsachen unterstreichen die Bedeutung einer korrekten Balance nicht nur der kurzkettigen n-3 und n-6 Fettsäuren, sondern auch der ausgeformten langkettigen Fettsäuren der n-3 und n-6 Familien, die beide nur in tierischen bzw. aus dem Meer stammenden Nahrungsmitteln zu finden sind. Eine Ernährung, die sich vorwiegend auf Getreide, Hülsenfrüchte und andere pflanzliche Produkte stützt, führt unweigerlich zu einer Störung des empfindlichen Gleichgewichts dieser Fettsäuren und zu gesundheitlichen Beeinträchtigungen durch kleinste Veränderungen im Eicosanoid-Haushalt, welche schließlich den Stoffwechsel der Prostaglandine, Prostacycline, Thromboxane und Leukotriene in unterschiedlichen Geweben gefährden. Der Bedarf des Menschen an Nahrungsfetten wurde bereits vor Äonen geformt, lange vor der Einführung des Ackerbaus und lange, bevor die Menschheit begann, Getreide als Grundnahrungsmittel zu nutzen. Die Fettsäurenzusammensetzung einer Ernährung auf der Grundlage von Getreide und Hülsenfrüchten unterscheidet sich fundamental von der einer tierischen Kost, die auf Fleisch und Innereien [6] beruht. Doch stellen Letztere die erste und evolutionäre Quelle der Fette dar, an welche die Gene des Menschen optimal angepaßt sind [5].

a Angiographie – Röntgenbild, das die Blutgefäße nach Injektion eines Kontrastmittels zeigt.

Aminosäuren

Im Körper des Menschen findet ein ununterbrochener Abbau und Wiederaufbau von Geweben statt, der eine Versorgung mit Protein (Eiweiß) aus der Nahrung erfordert. Die Proteine des menschlichen Körper setzen sich aus 21 Aminosäuren zusammen, die in drei Gruppen unterschieden werden: essentielle [a] Aminosäuren, konditionell essentielle [b] und nicht essentielle. Die neun essentiellen Aminosäuren kann der Körper nicht selbst herstellen, sie müssen mit der Nahrung zugeführt werden. Die konditionell essentiellen Aminosäuren kann der Mensch zwar selbst herstellen, doch in körperlich belastenden Situationen wie etwa Erkrankungen, Leistungsport oder Schwangerschaft nicht genug davon, deshalb wird die Zufuhr über die Nahrung erforderlich. Die nicht essentiellen Aminosäuren können im Körper problemlos hergestellt werden, solange die Ernährung ausreichend Stickstoff liefert, den Hauptbaustein der Aminosäuren.

Ein normal funktionierender Proteinstoffwechsel erfordert also eine ausgewogene Ernährung, die – in Form von qualitativ hochwertigem Protein – genug der neun essentiellen Aminosäuren liefert und deren Gesamtproteingehalt ausreichend hoch ausfällt, so daß auch die konditionell essentiellen und nicht essentiellen Aminosäuren in ausreichender Menge daraus hergestellt werden können. Die langfristigen Auswirkungen einer unausgeglichenen bzw. einer (auch nur marginal) unzureichenden Aufnahme von Aminosäuren sind beim Menschen bislang kaum untersucht worden. Doch gibt es Hinweise darauf, daß eine derart proteinarme Ernährung ein vermindertes Größenwachstum zur Folge haben kann [136], zu einem Gewichts- und Kraftverlust, sowie zu einer gestörten Immunfunktion führt [137], ebenso wie zu einer verzögerten Genesung von Krankheiten [138] und nach Operationen [139].

a essentiell – unverzichtbar, lebensnotwendig
b konditionell essentiell – in bestimmten Situationen unverzichtbar

Tab. 5 Aminosäurengehalt und Nährstoffverteilung von 8 Rohgetreiden (in mg pro 100g)

	Weizen	Mais	Reis	Gerste	Sorghum	Hafer	Roggen	Hirse
Essentielle Aminosäuren (mg)								
Tryptophan	160 (64 %)	67 (27 %)	101 (40 %)	208 (83 %)	124 (50 %)	234 (94 %)	154 (62 %)	119 (48 %)
Threonin	366 (81 %)	354 (79 %)	291 (65 %)	424 (94 %)	345 (77 %)	575 (128 %)	532 (118 %)	354 (79 %)
Isoleucin	458 (71 %)	337 (52 %)	336 (52 %)	456 (70 %)	433 (67 %)	694 (107 %)	550 (85 %)	465 (72 %)
Leucin	854 (90 %)	1,155 (122 %)	657 (69 %)	848 (89 %)	1,491 (157 %)	1,284 (135 %)	980 (103 %)	1,400 (147 %)
Lysin	335 (42 %)	265 (33 %)	303 (38 %)	465 (58 %)	229 (29 %)	701 (88 %)	605 (76 %)	212 (26 %)
Methionin	201 (47 %)	198 (46 %)	179 (42 %)	240 (56 %)	169 (40 %)	312 (73 %)	248 (58 %)	221 (52 %)
Cystin*	322 (76 %)	170 (40 %)	96 (23 %)	276 (65 %)	127 (30 %)	408 (96 %)	329 (77 %)	212 (50 %)
Phenylalanin	593 (125 %)	463 (97 %)	410 (86 %)	700 (147 %)	546 (115 %)	894 (188 %)	673 (142 %)	580 (122 %)
Tyrosin*	387 (81 %)	383 (81 %)	298 (63 %)	358 (75 %)	321 (68 %)	573 (121 %)	339 (71 %)	340 (72 %)
Valin	556 (85 %)	477 (73 %)	466 (72 %)	612 (94 %)	561 (86 %)	937 (144 %)	747 (115 %)	578 (89 %)
Histidin	285 (52 %)	287 (52 %)	202 (37 %)	281 (51 %)	246 (45 %)	405 (74 %)	367 (67 %)	236 (43 %)
Nährstoffverteilung								
Kcal.	327	365	370	354	339	389	335	378
Protein (%)	12,6	9,4	7,9	12,5	11,3	16,9	14,7	11,0
Kohlenhydrate (%)	71,3	74,1	77,2	73,3	74,4	66,0	69,8	73,0
Fett (%)	1,5	4,7	2,9	2,3	3,3	6,9	2,5	4,2

Werte in Klammern entsprechen der RDA in Prozent (RDA – *Recommended Daily Allowance*, die in den USA empfohlene tägliche Zufuhr). Keine Getreidesorte enthält die Aminosäure Taurin. Das Sternchen (*) kennzeichnet konditionell essentielle Aminosäuren, also jene, die in bestimmten Stoffwechselsituationen lebensnotwendig sind.

Tab. 6 Fettsäurengehalte von 8 Getreiden (in g pro 100g), nach Weihrauch et al. [116]

Fettsäure	Weizen	Mais	Reis	Gerste	Sorghum	Hafer	Roggen	Hirse
Gesättigt								
14:0 Myristinsäure	–*	0,00	0,03	0,01	0,01	0,02	–*	0,00
16:0 Palmitinsäure	0,36	0,40	0,54	0,45	0,44	1,21	0,25	0,68
18:0 Stearinsäure	0,01	0,06	0,04	0,02	0,03	0,10	0,02	0,16
20:0 Arachinsäure	–*	0,01	0,01	0,00	0,00	0,04	0,00	0,02
Einfach ungesättigt								
16:1 Palmitoleinsäure	0,01	0,01	0,01	0,01	0,04	0,02	0,01	0,02
18:1 Ölsäure	0,25	0,91	0,54	0,24	1,15	2,60	0,22	0,83
Mehrfach ungesättigt								
18:2n-6 Linolsäure	1,20	2,12	0,78	1,14	1,46	2,87	0,95	1,69
18:3n-3 Linolensäure	0,10	0,03	0,03	0,13	0,09	0,16	0,12	0,13
Verhältnis n-6/n-3	12,0	70,7	26,0	8,7	16,2	17,9	7,9	13,0
Fett gesamt in %	2,7	4,1	2,3	2,8	3,3	7,4	2,2	4,1

* weniger als 0,005g

Tabelle 7 stellt den Aminosäurengehalt von tierischen Lebensmitteln dem von Getreide und Hülsenfrüchten gegenüber. Der Vergleich mit Tabelle 5 zeigt auf, daß die essentielle Aminosäure Lysin in pflanzlichem Protein stets in geringerer Menge vorkommt, als in tierischem Protein. Auch die essentielle Aminosäure Threonin ist im pflanzlichen Protein nicht so stark vertreten,

Tab. 7 Aminosäurenverteilung in Getreiden, Hülsenfrüchten und tierischen Lebensmitteln (in mg pro g Protein), nach Young et al. [140]

Quelle	Lysin	schwefelhaltige Aminosäuren	Threonin	Tryptophan
Getreide	31 ± 10	37 ± 5	32 ± 4	12 ± 2
Hülsenfrüchte	64 ± 10	25 ± 3	38 ± 3	12 ± 4
Tierische Produkte	85 ± 9	38	44	12

wie im tierischen. Der durchschnittliche Proteingehalt von Getreide liegt bei 12 % (siehe Tabelle 5), während mageres Fleisch 22 % aufweist. Daher muß stets mehr Getreide als Fleisch verzehrt werden, um sowohl den Gesamtproteinbedarf des Menschen zu decken, als auch seinen Bedarf an essentiellen Aminosäuren.

Wie Tabelle 8 zeigt, liefert Getreide in den meisten Ländern der Welt die Mehrzahl der Proteinkalorien. Da eine Ernährung auf der Grundlage von Getreide häufig auch Hülsenfrüchte und kleinere Mengen tierischen Proteins beinhaltet, fällt der Gehalt an essentiellen Aminosäuren in der Regel ausreichend hoch aus [140]. Allerdings kann eine unzureichende Lysinzufuhr nicht immer ausgeschlossen werden [140], besonders bei Kindern, denen nur eine einzige bzw. eine eingeschränkte Zahl von Proteinquellen zur Verfügung steht [141].

Obwohl die Proteinqualität beim Einsatz von Getreide und Hülsenfrüchten als Grundnahrungsmittel ausreicht, gibt es doch Hinweise darauf, daß der Gesamtproteingehalt unter bestimmten Bedingungen zu niedrig liegt. Der Proteinbedarf für gesunde Männer und Frauen aller Altersstufen wird heute auf 0,6 g pro Kilogramm Körpergewicht und Tag (0,6 g/kg/Tag) geschätzt. Die gemeinsame Expertenkommission der FAO, WHO und UNU hat als »Sicherheitszuschlag« einen Proteinverzehr von 0,75 g/kg/Tag vorgeschlagen [142], die Lebensmittel- und Ernährungskommission des US-Forschungsrats sogar 0,8 g/kg/Tag [143]. Mittlerweile gibt es ernstzunehmende Belege dafür, daß diese Empfehlungen sowohl für Erwachsene [144, 145], als auch für die alten Menschen [146] zu niedrig sind und daß eine Proteinversorgung mit »Sicherheitszuschlag« eine Höhe von 1,0-1,25 g/kg/Tag erreichen müßte [145, 146].

Die Alten sind dabei besonders anfällig für eine unzureichende Proteinzufuhr. In den USA ergab eine Untersuchung der Ernährung von 946 selbstständig lebenden Frauen und Männern über 60 Jahren, daß bei der Hälfte die Proteinversorgung weniger als 1,0-1,25 g/kg/Tag betrug [147]. Da der Gesamtproteingehalt von Getreide so viel geringer ausfällt, als der tierischer Lebensmittel (siehe Tabelle 7), kann die Verdrängung tierischer Lebensmittel durch einen exzessiven Verzehr von Getreideprodukten die Proteinversorgung gefährden. Tatsächlich erreichen nur zwei von acht brasilianischen Männern im fortgeschrittenen Alter mit ihrer typischen Ernährung aus Reis und Bohnen – die an Protein lediglich 0,63 g/kg/Tag liefert – eine positive Stickstoffbalance [148]. Und da eine auf Getreide beruhende Ernährung mindestens 50 % der Proteinkalorien für die Weltbevölkerung liefert, erscheint eine unzureichende Proteinversorgung der Alten durchaus wahrscheinlich [137, 146, 148].

Taurin wird als konditionell essentielle Aminosäure eingestuft, doch setzt sich zunehmend die Erkenntnis durch, daß der Körper des Menschen nur über eingeschränkte Fähigkeiten zur Herstellung von Taurin aus Cystein verfügt [149, 150]. Deshalb spielt das Taurin aus der Nahrung eine so große Rolle für den körpereigenen Bestand an dieser Aminosäure [151, 152]. Kein pflanzliches Lebensmittel enthält Taurin [153], auch Getreide nicht (siehe Tabelle 5). Wie Untersuchungen ergeben haben, weisen Veganer[a] niedrige Taurinwerte in Blut und Urin auf [154, 155]. Die Folgen eines chronischen Taurinmangels bei Menschen, die sich überwiegend mit Getreide und pflanzlichen

a Veganer – strenger Vegetarier, der auf tierische Produkte in jeder Form verzichtet

Tab. 8. Ernährungsbeitrag des Getreides in verschiedenen Weltregionen, nach Young et al. [141]

Region	Kalorien-aufnahme gesamt	Kalorien-aufnahme aus Getreide (%)	Protein-aufnahme (g)	Protein-aufnahme aus Getreide (%)
Nordamerika	3.557	17	105,7	18
Westeuropa	3.376	26	94,8	29
Osteuropa und UDSSR	3.481	38	103,3	37
Lateinamerika	2.557	39	65,5	38
Afrika	2.205	47	55,0	51
Naher Osten	2.620	61	73,5	62
Ferner Osten	2.029	67	48,7	63
Alle Industrieländer	3.395	31	99,1	30
Alle Entwicklungsländer	2.260	61	57,3	55
Weltdurchschnitt	2.571	50	68,8	45

Lebensmitteln ernähren, sind noch nicht untersucht worden. Allerdings ist bekannt, daß Taurin bei Herzerkrankungen einen positiven Einfluß ausübt, indem es Zusammenballungen der Blutkörperchen entgegenwirkt [156] und so die Infarktgefahr vermindert, durch seine Funktion als Antioxidant die Auswirkungen des Reperfusionssyndroms [a] abschwächt [157] und den Herzrhythmus stabilisiert [158]. Darüber hinaus scheint das Taurin bei der Heilung von Verletzungen eine unverzichtbare Rolle zu spielen [159, 160], ebenso wie bei der Erhaltung einer normalen Funktion der Netzhaut des Auges [161].

a Reperfusion – Wiederdurchströmung eines Blutgefäßes, das durch einen Blutpfropfen verschlossen war; dabei kommt es zur Einschwemmung zuvor angestauter, giftiger Stoffwechselprodukte, darunter auch freie Radikale.

Abb. 3 Die Entstehung von Harnsteinen beim Kind, nach Teotia et al. [174]

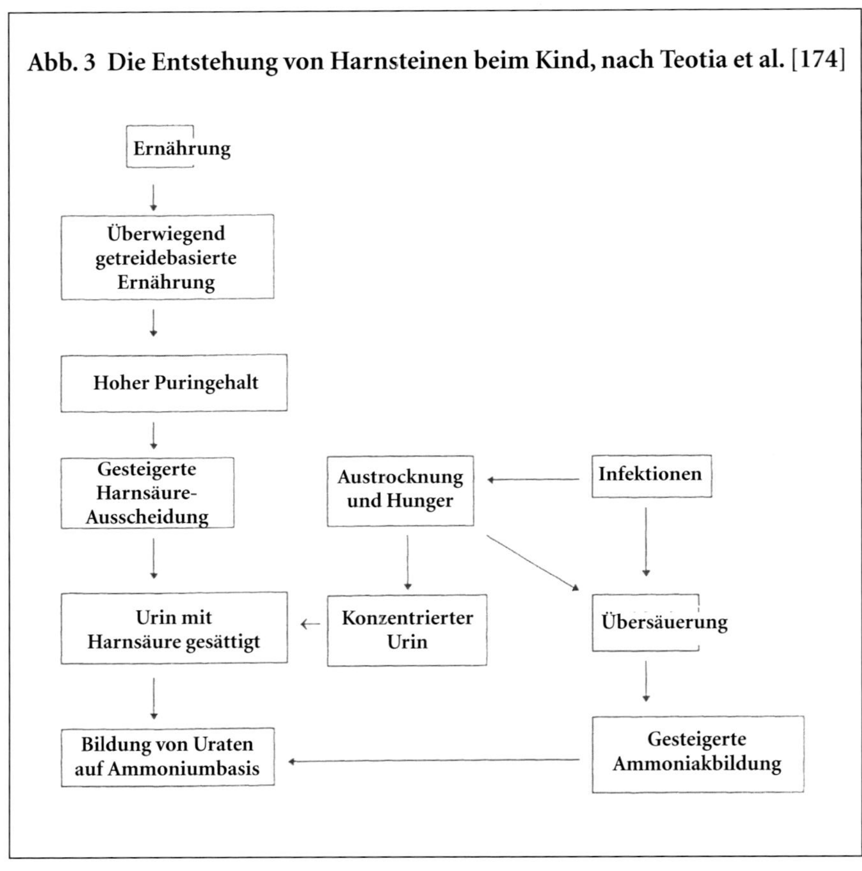

Wie das Studium der Hinterlassenschaften alter Kulturen gezeigt hat, kommt es mit der Einführung von Ackerbau und Getreide regelmäßig zu Wachstumsstörungen und einer kleineren Statur [4, 17-19]. Auch bei heute lebenden Völkern, denen Getreide als Grundnahrungsmittel dient, wird ein vermindertes Größenwachstum beobachtet [162-165]. Trotz ausreichender Aufnahme von Aminosäuren und Stickstoff wachsen vegan und vegetarisch [a] ernährte Kinder nicht so gut wie Kinder, die mit einer fleischhaltigen Mischkost versorgt werden [166]. Das eingeschränkte Größenwachstum durch eine auf

Getreide beruhenden Ernährung hat viele Ursachen; neben einer ungenügenden Versorgung mit Gesamtkalorien auch Mängel an Protein, Zink, Eisen, Kupfer, Calcium, Vitamin D, Vitamin B-12 und Vitamin A [136, 166]. Doch können die Wachstumsstörungen nicht durch die vermehrte Zufuhr eines dieser Nährstoffe behoben werden [136]. Es erscheint deshalb wahrscheinlich, daß bei Völkern, die auf Getreide als Grundnahrungsmittel setzen, das langsame Wachstum der Kinder und die kleinere Statur im Erwachsenenalter das Ergebnis vieler gleichzeitig vorliegender Nährstoffmängel ist [136]. Ein übermäßiger Getreideverzehr behindert also die Versorgung mit allen aufgeführten Nährstoffen.

Harnsteine bei Kindern kommen in den westlichen Ländern so gut wie nicht mehr vor, doch in Entwicklungsländern wie Pakistan, Indien, Thailand, Sumatra, Taiwan und Iran [167-170] sind sie noch weit verbreitet. Die Harnsteine bestehen aus Ammoniumsalzen (Uraten); Untersuchungen an Kindern aus diesen Ländern haben eine erhöhte Ausscheidung von Ammoniak-Oxalat [b] und Harnsäure ergeben; gleichzeitig waren die Phosphate im Harn, sowie dessen pH-Wert vermindert – beides Faktoren, die eine Steinbildung aus Ammoniumsalzen begünstigen [168, 171]. Der Urin von Kleinkindern, die vorwiegend mit Reis ernährt werden, weist einen erhöhten Gehalt von Ammoniak auf [168]. Darüber hinaus wurden Harnsteine auch bei Aborigine-Kindern in Australien festgestellt, die außer Muttermilch nur etwas Mehl und sonst nichts erhalten [172].

Im 19. Jahrhundert waren Harnsteine bei englischen Kindern weit verbreitet. Wie vermutet wird, kommt dem damals üblichen Austausch der Muttermilch durch Porridge [c] und Brot die entscheidende Rolle bei der Entstehung

a Vegetarier – Jemand, der sich sich von Pflanzenkost ernährt, meist ergänzt er seine Kost aber mit Eiern und Milchprodukten.

b Ammoniak-Oxalat – das Ammoniaksalz der Oxalsäure

c Porridge – warmer Haferbrei, noch heute Bestandteil eines traditionellen Frühstücks in England und den USA

der Krankheit zu [173]. Harnsteine bei Kindern treten vor allem in den Ländern und bei den Völkern auf, wo der Hauptanteil der Kalorienversorgung mit Getreide bestritten wird [168, 172]. Vermutlich wirken aber bei der Entstehung der Krankheit mehrere Faktoren zusammen, eine Unterversorgung mit Kalorien und Protein ebenso wie Infektionen und Hunger, sowie ein hoher Getreideverzehr [174] (siehe Abbildung 3).

*

KAPITEL 3

ANTINUTRIENTE IM GETREIDE

Ebenso wie bei der Entwicklung der Tierwelt erforderte auch die Evolution pflanzlichen Lebens strategische Entscheidungen. Die Pflanzenarten standen immer wieder vor dem grundsätzlichen Problem, ihre Kräfte zwischen Wachstum bzw. Fortpflanzung und Überleben angesichts von Krankheitskeimen und Pflanzenfressern aufteilen zu müssen [175]. So waren die Pflanzen gezwungen, sich auf einen evolutionären Tauschhandel einzulassen; sie mußten einerseits schnell genug wachsen, um ihre Art zu erhalten, doch andererseits genügend Energie zur Herstellung sekundärer Stoffwechselprodukte aufwenden, um Keime und Pflanzenfresser abzuwehren. Diese sekundären Pflanzenstoffe dienen nicht allein der Verteidigung, sondern auch dazu, potentielle Bestäuber anzulocken, Schutz vor ultraviolettem Licht zu bieten, der Strukturverstärkung, der vorübergehenden Nährstoffspeicherung, der Regulation pflanzlicher Hormone, der Förderung der Nährstoffaufnahme und dem Schutz der Wurzeln vor Säure und sonstigen Schäden [175]. Die Ausrüstung des Samens mit hohen Konzentrationen sekundärer Pflanzenstoffe ist im Pflanzenreich üblich; es sichert sein Überleben und – nach der Keimung – das des schnell wachsenden Setzlings, bis dieser selbst sekundäre Pflanzenstoffe herstellen kann.

Getreidekörner sind die Samen von Gräsern (lat. Graminae) und sie enthalten große Mengen sekundärer Pflanzenstoffe. Diese sind entweder giftig, antinutritiv, gutartig oder ihre Wirkung liegt irgendwo dazwischen, je nach Stoffwechsel des pflanzenfressenden Tieres. Die meisten Pflanzenfresser haben sich daran angepaßt und setzen ihrerseits Strategien zur Umgehung der Abwehr ihrer Nahrung ein [175]. Vögel, Nagetiere, Insekten und Wiederkäuer können daher ohne Schwierigkeiten große Mengen Getreide verzehren. Im Gegensatz dazu haben sich die Primaten im tropischen Regenwald entwickelt; die ihnen zur Verfügung stehende pflanzliche Nahrung stammte von zweikeimblättrigen Pflanzen. Deshalb ist der Darm der Primaten von jeher angepaßt an die nährenden und schädigenden Bestandteile zweikeimblättriger Pflanzen, nicht aber an die des einkeimblättrigen Getreides [176].

Unter bestimmten Bedingungen sind einige Arten von Primaten (aus der Spezies Papio,[a] etwa Theropithecus gelada)[b] dabei beobachtet worden, wie sie Gräser und Grassamen verzehrten. Im Großen und Ganzen ist der Verzehr von einkeimblättrigen Pflanzen aber eine bemerkenswerte Abkehr von der traditionellen pflanzlichen Nahrung der Primaten [176]. Wie die anderen Primaten hat auch der Mensch im Laufe seiner Entwicklungsgeschichte daher nur wenig Erfahrungen sammeln können, wie man die sekundären Pflanzenstoffe und antinutritiven Substanzen abwehrt, die im Getreide vorkommen.

Alkylresorcinole

Bei den Alkylresorcinolen handelt es sich um Phenolverbindungen, von denen Roggen (97 mg pro 100 g) am meisten enthält, gefolgt von Weizen (67 mg pro 100 g); kleinere Mengen kommen in anderem Getreide vor, etwa in Hafer, Gerste, Hirse und Mais [177]. Die Substanzen sind in der Schale des Getreidekorns konzentriert; es wird vermutet, daß sie Krankheitserreger abwehren sollen, während der Samen im Boden auf die Keimung wartet bzw. während des Prozesses der Keimung selbst [178]. Alkylresorcinole waren zunächst nur

a Spezies Papio – Familie der Paviane
b Theropithecus gelada – Blutbrustpavian der äthiopischen Hochebene

im Roggen bekannt und stellten lediglich ein Problem bei der Ernährung von Nutztieren dar. Erhielten Rinder, Schafe, Pferde, Schweine und Hühner größere Mengen Roggen zu fressen, dann wuchsen sie langsamer, als mit anderen Getreidesorten [177]. Nachfolgende Studien zum Thema fanden heraus, daß die wachstumshemmende Wirkung der Alkylresorcinole sowohl auf eine Unterdrückung des Appetits (70 %) zurückging, als auch auf eine direkte Giftwirkung (30 %) [179].

Obwohl bislang kaum Informationen zu den Auswirkungen von Alkylresorcinolen in der Ernährung des Menschen vorliegen, haben sie im Tierversuch zum Austritt des roten Blutfarbstoffs aus den Blutkörperchen (Hämolyse) geführt, sowie zu Veränderungen der Durchlässigkeit von Zellmembranen der roten Blutkörperchen und der Liposome [a] und zur Spaltung der DNA-Ketten.[b] Darüber hinaus ist ihre Beteiligung an einer Reihe weiterer Erkrankungsprozesse nachgewiesen worden, darunter die Degeneration [c] von Leber- und Nierenzellen [177]. Wie in vitro-Untersuchungen [d] gezeigt haben, konnten Alkylresorcinole die Produktion von Thromboxan [e] (TXA-2) in den Blutplättchen um 30-65 % erhöhen, bei Konzentrationen von nur 0,02 -2.0 mmol[f] pro Liter. Bis heute haben keine Experimente stattgefunden, um festzustellen, ob durch den Verzehr von Vollkorngetreide aufgenommene Alkylresorcinole entzündungsfördernde Wirkungen dieser Art auch beim Menschen auslösen. Der Vollständigkeit halber muß darauf hingewiesen wer-

a Liposom – von griech. *lipid* (Fett) und *soma* (Körper); Fettkörperchen, das dem Nährstofftransport durch die Zellmembranen dient

b DNA – von engl. *Desoxyribonucleid Acid* (Desoxyribonukleinsäure), Träger der Erbinformation in jeder Zelle

c Degeneration – lat. *aus der Art schlagen*; Entartung, Absterben

d in vitro – lat. *im Glas*, hier: im Labor

e Thromboxan – Hormon, das die Verklumpung der Blutplättchen und ein Zusammenziehen der Blutgefäße bewirkt. Hilfreich, um bei Verletzung die Blutung zu stillen; gefährlich bei koronarer Herzerkrankung, wo es zum Infarkt führen kann.

f mmol – von Millimol (tausendstel Mol), in der Chemie übliche Mengeneinheit. 1 Mol entspricht 6 x 10^{23} Teilchen

den, daß Alkylresorcinole auch antimutagene [a] Wirkungen haben könnten [181] und daß sie in geringen Dosierungen antioxidative Wirkungen gezeigt haben [182].

Alpha-Amylase-Hemmer [b]

Bei der Albuminfraktion handelt es sich um einen wäßrigen bzw. salzigen Proteinauszug des Weizens. Diese Albuminfraktion enthält sehr viele Proteinverbindungen, die Alpha-Amylasen bei Insekten, Säugetieren, Vögeln und Meerestieren hemmen können. Alpha-Amylase-Hemmer machen bis zu 80 % der gesamten Albuminfraktion aus, etwa 1 % des Weizenmehls [183]. Wegen ihrer hohen Hitzestabilität widerstehen Alpha-Amylase-Hemmer Herd und Backofen; sie sind in großer Zahl in Brot, Frühstücks-Cerealien, Nudeln und anderen Weizenprodukten zu finden [183]. Alpha-Amylase-Hemmer sind bei allen Getreiden weit verbreitet, neben ihrem Auftreten in Weizen wurden sie auch in Roggen, Gerste, Hafer, Reis und Sorghum nachgewiesen. Ähnlich wie bei den Alkylresorcinolen wird angenommen, daß das Getreide die Alpha-Amylase-Hemmer zur Verteidigung gegen Pflanzenfresser entwickelt hat und diese vor allem gegen Insekten gerichtet waren [184].

Die vielen Alpha-Amylase-Hemmer im Getreide sind sehr verschieden aufgebaut und zeigen eine bemerkenswerte Bandbreite der Beeinträchtigung von Alpha-Amylase im Speichel und in der Bauchspeicheldrüse des Menschen [185, 186]. Da die Amylasen im Speichel und im Sekret der Bauchspeicheldrüse die Spaltung der Glykosid-Verbindungen [c] von Stärke und verwandten Polysacchariden [d] einleiten, wurde den Alpha-Amylase-Hemmern

a antimutagen – Mutationen verhindernd, hier: Krebs entgegenwirkend
b Alpha-Amylase spaltet Stärke und Glykogen. Ein Alpha-Amylase-Hemmer behindert die Wirkung dieses Enzyms.
c Glykosid – Pflanzenstoff, spaltbar in Zucker und andere Stoffe, meist Alkohol
d Polysaccharid – Vielfachzucker; ein großes Molekül, aufgebaut aus vielen einfachen Zuckern

im Getreide bereits ein positiver Einfluß auf die Senkung erhöhter Blutzuckerspiegel und Insulinwerte – beides verursacht durch zuviel Kohlenhydrate – zugesprochen [187]. Erste Studien am Menschen mit kommerziell erhältlichen Alpha-Amylase-Hemmern zur Verminderung der Stärkeverdauung schlugen fehl [188, 189], vermutlich fiel die Wirkung gegen Amylase zu gering aus [190]. Neuere Untersuchungen mit gereinigten Alpha-Amylase-Hemmern haben aber gezeigt, daß diese Antinutriente die Amylase im menschlichen Darm umgehend außer Gefecht setzen können [186, 190]; der Effekt ist abhängig von der Dosis [186] und führt auch zu geringerem Blutzuckeranstieg und Insulinausstoß nach einer Mahlzeit [191].

Es scheint so, als wenn Alpha-Amylase-Hemmer die Therapie jener Patienten unterstützen könnten, die unter der Diabetes mellitus (Zuckerkrankheit), Übergewicht und anderen, mit einer Insulinresistenz zusammenhängenden Erkrankungen leiden. Langzeitanwendungen am Tier haben allerdings ergeben, daß es zu Nebenwirkungen in Form von schädlichen Zellveränderungen der Bauchspeicheldrüse und eines Wachstums der Bauchspeicheldrüse kommt [192]. Da nicht ausgeschlossen werden kann, daß diese Antinutriente die Bauchspeicheldrüse des Menschen in ähnlicher Weise schädigen [193], ist man heute der Auffassung, daß Alpha-Amylase-Hemmer in Lebensmitteln nichts zu suchen haben [183].

Über den Einfluß auf die Stärkeverdauung hinaus sind Alpha-Amylase-Hemmer auch als starke Allergene bekannt. Das Einatmen von Getreidemehl führt zum Bäckerasthma, einer in der Backindustrie häufig vorkommenden Berufskrankheit [194]. Bäckerasthma wird durch Immunglobulin[a] E (IgE) ausgelöst. Bis vor kurzem war noch unbekannt, daß Getreidemehl überhaupt Allergene in Form von Proteinen enthält, die IgE binden können. Im letzten Jahrzehnt ist aber überzeugend nachgewiesen worden, daß verschiedene Alpha-Amylase-Hemmer für die allergische Reaktion beim Bäcker-

a Immunglobulin – Eiweißkörper, der Eigenschaften eines Antikörpers aufweist

asthma verantwortlich sind [194, 195]. Alpha-Amylase-Hemmer sind auch ein bedeutendes Allergen bei Kindern, die hypersensibel auf den Verzehr von Weizenprodukten reagieren [196].

Protease-Hemmer

Protease-Hemmer [a] sind Proteine, die bestimmte Enzyme an der Spaltung von Eiweißen hindern können; im Reich der Pflanzen sind sie weit verbreitet, besonders unter den Hülsenfrüchten. Wie bei den Alpha-Amylase-Hemmern gibt es auch eine Vielzahl von pflanzlichen Proteinen, die tierische Proteasen hemmen können. Die zwei am besten untersuchten Protease-Hemmer, beide aus Pflanzen gewonnen, sind der Kunitz-Hemmer, der auf das Trypsin [b] im menschlichen Magensaft zugeschnitten ist, und der Bowman-Birk-Hemmer, der Chymotrypsin [c] und Trypsin inaktiviert. Der Bowman-Birk-Hemmer widersteht Hitze und Verdauungssäften, deshalb überlebt er sowohl den Kochvorgang, als auch die Passage durch den Magen [197].

Die Bauchspeicheldrüse arbeitet mit einem sog. negativen Feedback: Fällt die Menge des im Verdauungstrakt kursierenden Trypsins unter einen gewissen Grenzwert, wird die Bauchspeicheldrüse veranlaßt, neues Sekret auszuschütten. Steigt die Menge des Trypsins im Darm wieder an, hemmt es die Bauchspeicheldrüse, indem es die Freisetzung des Hormons Cholecystokinin [d] aus der Darmschleimhaut verhindert. Wenn Trypsin aber durch Protease-Hemmer aus der Nahrung inaktiviert wird, kommt es zu einem unkontrollierten Anstieg von Cholecystokinin. In Tierversuchen wurde nachgewiesen, daß die anhaltende und überschießende Freisetzung von Cholecy-

a Protease – proteinspaltendes Enzym
b Trypsin – proteinspaltendes Enzym der Bauchspeicheldrüse
c Chymotrypsin – ein weiteres proteinspaltendes Enzym der Bauchspeicheldrüse
d Cholecystokinin – in der Schleimhaut von Zwölffingerdarm und Dünndarm vorhandener Wirkstoff, der die Kontraktion und Entleerung der Gallenblase bewirkt

stokinin sowohl eine Hypertrophie [a] als auch eine Hyperplasie [b] der Bauchspeicheldrüse zur Folge hat [198] und schließlich zur Entstehung von Krebs führen kann [199]. Der gesundheitsschädigende Einfluß des Bowman-Birk-Hemmers auf die Steuerung der Bauchspeicheldrüse wurde auch beim Menschen nachgewiesen [200].

Wie bei anderen sekundären Pflanzenstoffen auch, besteht die vordringliche Aufgabe der Protease-Hemmer in Pflanzen darin, Angriffe von Insekten und Mikroben abzuwehren [201]. Protease-Hemmer sind in beinahe allen Getreidearten gefunden worden [201]; doch scheint es, als wenn sie nur eine geringe Hemmung von Trypsin bewirken. So hat Weizen lediglich 1,5 % der trypsinhemmenden Wirkung von Sojabohnen [202]. Trotzdem, wenn Hühnerküken mit ungekochter Reiskleie [201], Roggen oder Gerste [203] gefüttert werden, entwickeln sie eine Hypertrophie der Bauchspeicheldrüse, die auf Protease-Hemmer zurückgeführt werden kann. Beim Menschen ist die Langzeitwirkung kleiner Mengen von Protease-Hemmern in der Nahrung unbekannt. Es gibt einige Hinweise darauf, daß sie auch nützliche Wirkungen haben können, etwa bei der Hemmung des Tumorwachstums [204].

Lektine

Lektine sind Proteine, die im Reich der Pflanzen weit verbreitet sind. Sie haben die spezielle Eigenschaft, sich an Moleküle zu binden, die Kohlenhydrate enthalten. Man wurde auf Lektine aufmerksam, weil sie rote Blutkörperchen zusammenballen (agglutinieren) können; das Lektin-Molekül verfügt über viele Bindungsstellen, um an die zuckerspezifischen Rezeptoren auf der Zellmembran der roten Blutkörperchen andocken zu können. Diese

a Hypertrophie – Vergrößerung von Geweben und Organen durch eine Vergrößerung der Zellen

b Hyperplasie – Vergrößerung von Geweben und Organen durch abnorme Vermehrung der Zellen

Eigenschaft erlaubt den Lektinen, sich auch an eine Vielzahl anderer Zellen zu binden; das macht sie zum wichtigsten Antinutrient in der Nahrung [205].

Wenn man die acht hauptsächlich verzehrten Getreide betrachtet, so wurden Lektine in Weizen, Roggen, Gerste, Hafer, Mais [206] und Reis [207] festgestellt, aber nicht in Sorghum oder Hirse [208]. Die biologische Aktivität der verschiedenen Lektine im Getreide fällt sehr ähnlich aus, da sie sich in Aufbau und ausgelöster Immunantwort kaum unterscheiden [209]. Das am besten untersuchte Getreide-Lektin ist das Weizenkorn-Agglutinin (WGA),[a] dessen Wirkungen in vitro erstaunlich umfangreich ausfallen. WGA kann sich an fast jede Zelle im Körper und fast jede Substanz im Raum zwischen den Zellen binden, da die zuckerspezifischen Rezeptoren beinahe überall vorkommen [210]. In seiner Übersichtsarbeit hat Freed [210] gezeigt, daß WGA sich in vitro an die folgenden Gewebe und Organe binden kann: die Verdauungswege (Mund, Magen und Darm), die Bauchspeicheldrüse, die Skelettmuskulatur, die Nieren, die Haut, das Nerven- und Myelingewebe,[b] die Fortpflanzungsorgane, an die Blutplättchen und Blutproteine.

WGA ist hitzestabil und es widersteht der Spaltung durch Proteasen im Verdauungstrakt von Ratten [211] und Menschen [212]; WGA wurde intakt und biologisch aktiv in menschlichen Fäkalien nachgewiesen [212]. Wie alle Lektine bindet sich WGA im Darm an Glykane[c] auf der Oberfläche des Bürstensaums.[d] Dabei schadet es diesen Zellen, was zu Behinderungen der Verdauungstätigkeit bzw. der Nährstoffaufnahme aus dem Nahrungsbrei führt, und es verändert die Bakterienflora, sowie den Immunstatus des Darms [213]. Bei Ratten wurde nachgewiesen, daß WGA zu Hyperplasie und Hypertro-

a WGA – von engl. *Wheat Germ Agglutinin*

b Myelin – Nervenmark

c Glykan – Oligo- oder Polysaccharid (langkettiges Kohlenhydrat) bzw. der Polysaccharidanteil von Glykoproteinen (Eiweißen mit Kohlenhydratanteil), Glykolipiden (Fetten mit Kohlenhydratanteil) etc.

d Bürstensaum – Dünndarmepithel; Zellauswüchse, die der Oberflächenvergrößerung der Dünndarmhaut dienen.

phie der Dünndarmzellen führt, sowie Funktion und Stoffwechsel des Darms verändert; gleichzeitig löst es eine Vergrößerung der Bauchspeicheldrüse und eine Verkümmerung der Thymusdrüse aus [211]. Damit diese unerwünschten Wirkungen bei Ratten auftreten, muß die Nahrung große Mengen WGA enthalten (7 g/kg/Körpergewicht) – viel mehr, als normalerweise in einer auf Weizen beruhenden Ernährung vorhanden ist, da die Konzentration von WGA in unverarbeitetem Weizen nur etwa 2 g pro kg beträgt [212]. Beim Menschen wurden bislang keine Langzeitstudien zu den Auswirkungen einer regelmäßigen Zufuhr kleinerer Mengen WGA auf die Struktur und Funktion des Darms durchgeführt. Doch gibt es Hinweise, die darauf schließen lassen, daß eine Ernährung mit einem hohen Anteil an Weizengluten [a] auch bei gesunden Personen – ohne daß eine Sprue/Zöliakie [b] vorliegt – die Struktur der Schleimhautzellen des Leerdarms verändert [214].

Die meisten Proteine aus der Nahrung, die in den Dünndarm gelangen, werden in ihre Aminosäuren-Bestandteile zerlegt; sie gelangen also nicht intakt in den Blutkreislauf. Doch setzt sich zunehmend die Erkenntnis durch, daß kleine Mengen Nahrungsprotein der Aufspaltung durch die Proteasen im Darm entkommen; sie erreichen unverändert den Blutkreislauf, wo sie von Makrophagen [c] angegriffen und spezialisierten Lymphozyten [d] des Immunsy-

a Gluten – Klebereiweiß im Korn von Weizen, Roggen und Hafer, findet sich mittlerweile in vielen industriell verarbeiteten Nahrungsmitteln. Gluten ist Bestandteil von Stabilisatoren, Emulgatoren, Geschmacksverstärkern, Gewürzmischungen und Trennmitteln. Es dient zum Andicken von Fruchtsäften und ist im Bier ebenso zu finden, wie in Speiseeis, Gebäck, Brühwurst, Koch- und Rohwurst, gekochtem und geräuchertem Schinken, in Reibekäse, Schmelzkäse und Roquefort (Aufzählung nach Ärzte-Zeitung, 28.09.2000).

b Zöliakie, auch Sprue genannt – chronische Erkrankung des Darmtrakts mit charakteristischen Durchfällen und Störungen der Nährstoffaufnahme.

c Makrophage – Bestandteil des Immunsystems; ein weißes Blutkörperchen, das eingedrungene Fremdstoffe aufnehmen und unschädlich machen kann.

d Lymphozyt – ebenfalls ein Bestandteil des Immunsystems, ein kleines weißes Blutkörperchen, das jeweils Rezeptoren für einen speziellen Fremdkörper oder Krankheitserreger aufweist, es wird unterschieden in B- und T-Lymphozyten.

stems vorgeführt werden [215, 216]. Unter normalen Umständen, wenn die Konzentration intakter Nahrungsproteine im Darm gering ausfällt, lösen die in den Blutstrom übertretenden, fremden Proteine nur eine minimale allergische Reaktion aus, da sie von T-Lymphozyten in Schach gehalten werden.

Die Konzentration von Lektinen im Darm kann allerdings sehr hoch ausfallen, weil sie der Proteinverdauung widerstehen; daher gelangen sie auch in erheblich größerer Zahl intakt durch die Darmwand und in den Blutkreislauf, als andere Antigene[a] aus der Nahrung [216]. Darüber hinaus erleichtern WGA und weitere Lektine anderen intakten Antigenen den Übertritt in den Blutkreislauf, da sie die Durchlässigkeit der Darmwand erhöhen [217]. Deshalb sind Lektine aus der Nahrung in der Lage, starke Immunreaktionen auszulösen, die durch spezifische und stark ausfallende Antikörper-Bildung gekennzeichnet sind [213]. Bei Ratten wird WGA aus der Nahrung sehr schnell durch die Darmwand in den Blutkreislauf aufgenommen, wo es sich im Blut und an den Wänden der Lymphgefäße sammelt [211]. Obwohl bislang keine Untersuchungen am Menschen zur Passage des WGA durch den Verdauungstrakt in das Blut durchgeführt wurden, gibt es ernstzunehmende Hinweise darauf, daß dieser Effekt auch bei Menschen eintritt, denn Antikörper gegen WGA werden regelmäßig bei Gesunden [218, 219] und bei Zöliakie-Kranken gefunden [219].

Sobald WGA den Blutkreislauf erreicht, kann es das Hormongleichgewicht des Körpers stören, sowie Stoffwechsel und Gesundheit beeinträchtigen [210, 213]. In einer Vielzahl von Studien wurde nachgewiesen, daß WGA insulinähnliche Wirkungen auslöst [220, 221]. Zum Einfluß von WGA aus der Nahrung auf den Insulinstoffwechsel des lebenden Objekts gibt es nur wenige Tierstudien, aber noch keine Untersuchungen am Menschen. Doch Versuche mit Ratten, die ein Lektin aus Kidney-Bohnen (PHA)[b] gefüttert bekamen,

a Antigen – artfremder Eiweißstoff, der im Organismus die Bildung von Antikörpern bewirkt, die ihn unschädlich machen sollen.

b PHA – Phyto-Häm-Agglutinin

ergaben eine Senkung des Insulinspiegels im Blut, die wiederum tiefgreifende Veränderungen im Hormongleichgewicht des Körpers zur Folge hatte [213].

Eine ganze Reihe von Studien am lebenden Objekt hat nachgewiesen, daß WGA das Potential für weitere, schwer zu durchschauende Gesundheitsbeeinträchtigungen aufweist, indem es Peptid-Wachstumsfaktoren hemmt, die an der Zellteilung im Körper beteiligt sind, darunter den insulin-ähnlichen Wachstumsfaktor (IGF) [a] [222], den aus Blutplättchen stammenden Wachstumsfaktor (platelet-derived growth factor) [222], den epidermalen Wachstumsfaktor [b] [222, 223] und den Nerven-Wachstumsfaktor [224]. Bei zöliakiekranken Kindern fallen ein verzögertes Wachstum und eine kleinere Statur auf [225], sowie niedrige Werte von IGF-1 [226-228], des IGF-bindenden Proteins 3 (IGFBP-3) [c] [226, 227] und des wachstumshormon-bindenden Proteins II (GH-BP II) [d] [226]. Erhalten diese Kinder dagegen eine Ernährung ohne Weizen (und damit ohne Gluten), erhöhen sich die Werte von IGF-1 [226, 227], IGFBP-3 [226, 228] und GH-BP II [226], gleichzeitig nehmen Größenwachstum und Körpergewicht zu [226].

Bislang existieren nur unzureichende Daten, die keine Bewertung der Auswirkungen eines fortlaufenden Verzehrs kleinerer Mengen WGA auf die Gesundheit zulassen. Doch allein die Tatsache, daß der Transport von intaktem WGA durch die Darmwand nachgewiesen wurde [211] zeigt auf, daß dieses Lektin der Gesundheit des Menschen sehr gefährlich werden kann.

*

a IGF – von engl. *Insulin-like Growth Factor*

b Epidermis – die äußere Zellschicht der Haut

c IGFBP-3 – von engl. *Insulin-like Growth Factor Binding Protein 3*

d GH-BP II – von engl. *Growth Hormone Binding Protein II*

KAPITEL 4

AUTOIMMUNERKRANKUNGEN UND GETREIDEVERZEHR

Zu Autoimmunerkrankungen kommt es, wenn der Körper nicht mehr zwischen eigenen und fremden Proteinen unterscheiden kann. Die fehlende Wahrnehmung dieses Unterschieds führt zum Angriff des Immunsystems auf körpereigene Gewebe und schließlich zu deren Zerstörung. Zu den Autoimmunkrankheiten, die sich gegen eine Vielzahl von Körpergeweben richten, zählen bekannte Vertreter wie Rheumatoide Arthritis (Rheuma), Multiple Sklerose und der insulinabhängige Diabetes mellitus (IDDM).[a] Typisch für eine Autoimmunerkrankung ist das Auftreten von Antikörpern gegen bestimmte, körpereigene Proteine [229]. Man nimmt an, daß die meisten Autoimmunerkrankungen durch einen Faktor in der Umwelt ausgelöst werden bzw. durch einen solchen und die genetische Veranlagung für die Erkrankung.

Getreide in der Ernährung des Menschen ist ein auslösender Umweltfaktor für mindestens zwei Autoimmunerkrankungen: Zöliakie [230] und Dermatitis herpetiformis[b] [231]. Sobald glutenhaltige Getreideprodukte aus der

a IDDM –engl. *Insulin Dependent Diabetes Mellitus*; Diabetes mellitus

b Dermatitis herpetiformis –auch als Duhring-Brocq Krankheit bekannt; chronische Hauterkrankung, bei der es zur Bildung von herpesähnlichen Bläschen unter der Haut und starkem Juckreiz kommt.

Ernährung der Betroffenen entfernt werden, verschwinden alle Symptome dieser Erkrankungen. Darüber hinaus gibt es weitere Hinweise aus klinischen und epidemiologischen Untersuchungen, sowie aus Studien mit Tieren, die eine Beteiligung von Getreide bei der Entstehung weiterer Autoimmunerkrankungen nahelegen. Auf welche Weise Getreide eine Autoimmunität bei dafür empfänglichen Personen auslöst, ist noch nicht abschließend festgestellt. Doch setzt sich zunehmend die Erkenntnis durch, daß sog. molekulare Mimikry[a] (s.u.), bei der es zur Kreuzreaktion zwischen spezifischen, körperfremden und körpereigenen Antigenen kommt, einen wichtigen Faktor bei Autoimmunerkrankungen darstellt [232, 233]. Überdies kann nicht ausgeschlossen werden, daß Lektine und weitere Proteine aus Getreide an der Entwicklung der Autoimmunität beteiligt sind, da sie Teile des Immunsystems beeinflussen können [234, 235].

Autoimmunität

Man weiß noch nicht genau, wie es zur Entstehung einer Autoimmunität kommt; Klarheit besteht jedoch darüber, daß es sich um das Ergebnis einer Wechselwirkung zwischen Umwelteinflüssen und Erbanlagen handelt [229]. Dabei steht besonders eine genetische Komponente im Verdacht, für den Ausbruch von Autoimmunerkrankungen verantwortlich zu sein: Die Gene, welche den Code für die Leukozyten-Antigene[b] des Menschen (HLA)[c] enthalten. Die HLA werden in Klasse I (HLA-A, HLA-B und HLA-C), Klasse II (HLA-DR, HLA-DQ und HLA-DP) und Klasse III unterschieden. Bei den HLA der Klassen I und II handelt es sich um Glyko-Proteine auf der Zelloberfläche, die der Erkennung eigener und fremder Antigene durch die T-Lymphozyten dienen. Proteine der Klasse I finden sich auf allen Zellen mit einem

a von engl. *Molecular Mimicry* – Nachahmung von Molekülen
b Leukozyt – weißes Blutkörperchen, Bestandteil des Immunsystems
c HLA – von engl. *Human Leucocyte Antigens* (menschliche Leukozyten-Antigene)

Kern und auf den Blutplättchen, während Klasse II-Proteine auf Makrophagen, Monozyten,[a] Dendriten,[b] Epithelgewebe,[c] B-Lymphozyten und aktivierten T-Lymphozyten sitzen. Die Proteine der Klasse I ermöglichen die Entdekkung und Vernichtung von Zellen, die mit Viren infiziert sind, indem sie den zirkulierenden CD8+[d] Lymphozyten die Peptid-Bruchstücke[e] dieser Viren präsentieren. Proteine der Klasse II machen CD4+ und T-Lymphozyten auf körperfremde Antigene aufmerksam und leiten so die gesteigerte Produktion von T-Zellen und Lymphokinen ein, sowie die sich daran anschließende Herstellung von Immunglobulin durch B-Lymphozyten. Abgesehen von der Spondylarthritis[f] wird die Mehrzahl der bekannten oder vermuteten Autoimmunerkrankungen mit den HLA der Klasse II verknüpft [229].

Viele Gewebe des Körpers – Schilddrüse, Nebennieren, Beta-Zellen der Bauchspeicheldrüse, Gallengänge oder Nieren – die üblicherweise von Autoimmunerkrankungen betroffen sind, bilden gar keine HLA Klasse II-Antigene, deshalb erscheint es widersprüchlich, daß gerade in ihnen eine Autoimmunität entstehen soll. Das untypische Auftreten von Antigenen der Klasse II in Zellen mit Kern ist vermutlich als einleitender Faktor in der Entstehung einer Auto-Immunkrankheit zu betrachten [236]; dieser Vorgang kann durch Interferon-Gamma[g] (IFN-G) ausgelöst werden, das als Folge einer Infektion mit Viren gebildet wird [210].

a Monozyt – zu den Leukozyten zählende, große Zellen im Blut

b Dendrit – Nervenendung und Fortsatz

c Epithel – geschlossener Zellverband, der innere oder äußere Körperoberflächen bedeckt

d CD8 – engl. *Cluster of Differentiation 8*, das »+« steht für »und andere«, frei übersetzt »überwiegend Lymphozyten der 8er-Gruppe«, weitere Lymphozytengruppen sind CD4, CD3 und CD2

e Peptid – kleines Eiweißmolekül, das aus nur wenigen Aminosäuren besteht

f Spondylarthritis – auch Spondarthritis, entzündlich-rheumatische Erkrankung mit Veränderungen der Wirbelsäule

g Interferon – Eiweißkörper der Immunabwehr; Interferon-Gamma wirkt immunmodulierend, d.h. anregend oder hemmend auf die Antikörper-Produktion.

Auch Lektine sind dafür bekannt, das Auftreten von HLA Klasse II-Molekülen in Zellen mit Kern zu fördern [237], vermutlich geschieht dies durch ihre Fähigkeit, die Ausschüttung von IFN-G anzuregen [238, 239]. Darüber hinaus kann die Gliadin-Fraktion des Weizenproteins, die Lektine enthält [240], zur Bildung von HLA Klasse II-Antigenen in den Zellen der Darmwand führen [235]. Auch WGA aus verzehrten Weizenprodukten kann die Entwicklung einer Autoimmunität beeinflussen, indem es nach der Passage durch die Darmwand die Produktion von T-Lymphozyten anregt [234, 241].

Molekulare Mimikry

Bei einer Autoimmunerkrankung führt die Unfähigkeit, zwischen eigenen und fremden Antigenen zu unterscheiden, zur Zerstörung körpereigener Gewebe. Mittlerweile gibt es zahlreiche Hinweise dafür, daß dieser Verlust an Urteilsvermögen durch körperfremde Proteine ausgelöst werden kann, die eine Aminosäuren-Sequenz[a] mitbringen, die einer im Organismus bereits vorhandenen gleicht [233, 242]. Eine solche Ähnlichkeit im Aufbau zweier Proteine als Ergebnis unterschiedlicher Gene (auch molekulare Mimikry genannt) kann eine Kreuzreaktion des Immunsystems auslösen, die sich nicht nur gegen das körperfremde Protein richtet, sondern auch gegen alle anderen Zellen, die eine Aminosäuren-Sequenz aufweisen, die der des fremden Proteins gleicht. Die Hauptlast der Belege deutet bislang auf virale und bakterielle Krankheitserreger als Auslöser für Kreuzreaktionen und Autoimmunerkrankungen [233, 242]. Doch eine wachsende Zahl von Hinweisen in der wissenschaftlichen Literatur stützt die Annahme, daß auch Antigene aus der Nahrung [243, 244], Getreide eingeschlossen [245, 246], eine Kreuzreaktion mit nachfolgender Autoimmunität auslösen, indem sie Peptid-Strukturen enthalten, die im Körper dessen, der sie verzehrt, bereits vorkommen.

a Sequenz – Folge, Reihe

Genetische und anthropologische[a] Faktoren

Beinahe alle Autoimmunerkrankungen weisen eine starke genetische Komponente auf, dabei spielt die Erbanlage zur Bildung bestimmter HLA-Grundtypen eine wichtige Rolle [229]. So liegt bei Menschen, die das HLA-DQ2 Antigen besitzen, das Risiko für eine Zöliakie-Erkrankung um 73 % höher als bei denen, die es nicht besitzen [229]. Es ist noch nicht klar, warum HLA-Gene das Risiko für die Entstehung einer Autoimmunerkrankung beeinflussen. Es wäre möglich, daß sie die Bindungs-Affinität[b] des HLA-Peptidkomplexes mit zirkulierenden T-Lymphozyten verändern.

Die Proteingruppen der Andockstellen von HLA-Antigenen werden durch ausgesprochen vielgestaltige (polymorphe) HLA-Gene codiert [229]. Schon kleinste Änderungen in der Struktur der Andockstelle [247] können darüber entscheiden, ob nach dem Zusammentreffen mit einem Krankheitskeim eine Vermehrung spezifischer T-Zellen ausgelöst wird oder nicht. In der Entwicklungsgeschichte des Menschen scheint die Vererbung spezifischer HLA-Gene mit der Anfälligkeit für Infektionskrankheiten gekoppelt zu sein; vermutlich hat die Vererbung bestimmter HLA-Gene einen gewissen Schutz vor eindringenden Krankheitskeimen verliehen [248, 249].

Beim Auftreten der Zöliakie fällt die geographische Verteilung der Erkrankung von Südosten nach Nordwesten auf: Die geringste Zahl der Fälle im Nahen Osten und die höchste in Nordeuropa [249]. Das Vorkommen des HLA-B8 Antigens verläuft parallel mit der Verteilung der Zöliakie-Fälle, beides liegt auf der Route, die vor 10.000 Jahren auch Ackerbau und Getreideverzehr (Weizen und Gerste) vom Nahen Osten aus genommen haben (siehe Abbildung 4). HLA-B8 ist kein direkter Marker für Zöliakie, doch wegen seiner engen Verbindung zu HLA-DQ2 weist eine hohe Verbreitung des HLA-B8 Antigens auf ein vermehrtes Auftreten der Erkrankung hin.

a Anthropologie – die Wissenschaft vom Menschen

b Affinität – Triebkraft einer chemischen Reaktion; Bestreben von Atomen oder Atomgruppen, sich miteinander zu vereinigen.

Abb. 4 Vordringen des Ackerbaus und Verbreitung des HLA-B8 Antigens in Europa, nach Simoons [249]

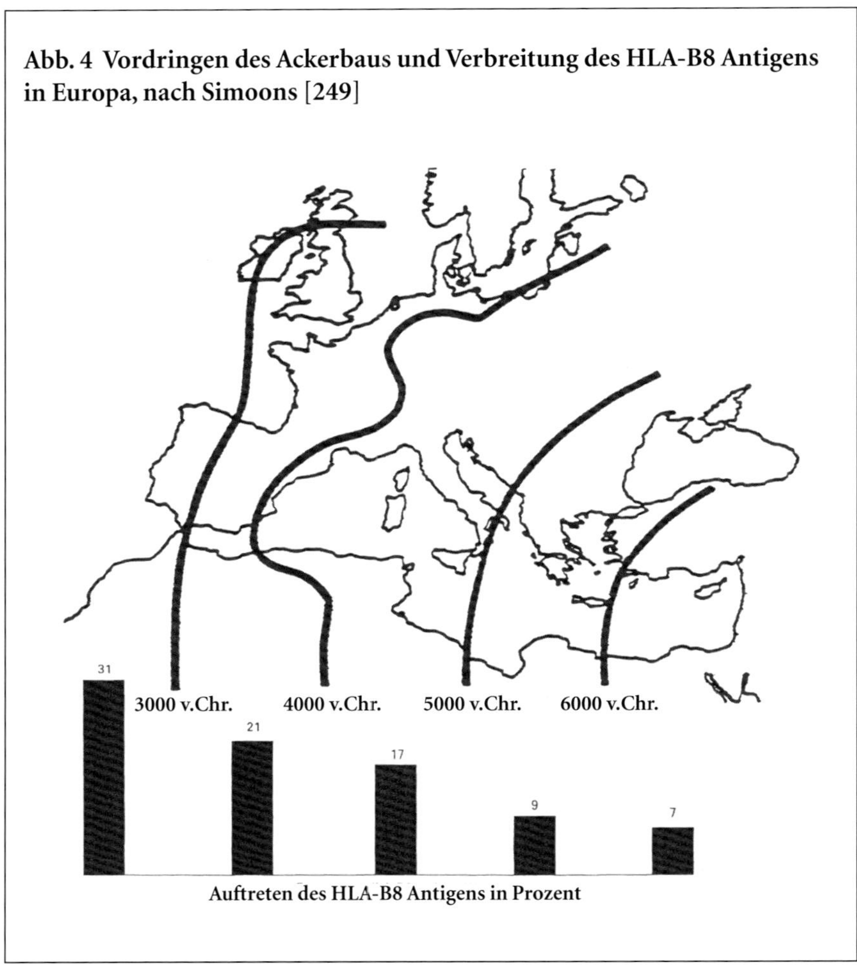

Unter den Völkern Europas, die erst relativ spät mit Getreide in Kontakt kamen, ist HLA-B8 weit verbreitet, während bei den Völkern, die Getreide schon länger kennen, HLA-B8 weniger häufig vorkommt [249, 250]. Es wird angenommen, daß ein hohes Vorkommen von HLA-B8 und HLA-DQ2 einmal kennzeichnend für die Völker des Nahen Ostens war, doch mit dem

Aufkommen des Getreideanbaus wurden diese Antigene zur Belastung [249, 250]. Der Verzehr von Getreide hat vermutlich (durch die hohe Anfälligkeit für Zöliakie) in Völkern mit HLA-DQ2 vermehrt zu Todesfällen geführt. So hätte die natürliche Auslese das Vorkommen dieses Antigens in jenen Völkern verringert, die – entwicklungsgeschichtlich betrachtet – Weizen und Gerste am längsten ausgesetzt waren [249, 250].

Die HLA-B8, -DR3 und -DQ2 codierenden Gene treten häufig zusammen auf, daher kommen auch Autoimmunerkrankungen, die mit HLA-DR3 einhergehen, bei Zöliakie-Kranken häufiger vor [251]; der insulinabhängige Diabetes mellitus im Durchschnitt sogar 7-10 mal öfter [252, 253]. Die geographische Verteilung der Diabetes-Fälle folgt übrigens jener der Zöliakie; auch der insulinabhängige Diabetes mellitus tritt in Europa im Südosten am wenigsten und in Nordeuropa am häufigsten auf [254]. Sowohl Milch [243, 255] als auch Weizen [255] enthalten Substanzen, die in Verdacht geraten sind, für die Entstehung des Diabetes mellitus verantwortlich zu sein. Mit der Hinwendung zum Ackerbau wären ihnen europäische Völker vermehrt ausgesetzt gewesen.

Mit Getreideverzehr assoziierte Autoimmunerkrankungen

Getreide steht unter Verdacht, an der Entstehung mehrerer Autoimmunerkrankungen beteiligt zu sein. Bei einigen dieser Krankheiten (Zöliakie und Dermatitis herpetiformis) besteht zu 100 % Gewißheit über Getreide als auslösenden Faktor, bei anderen ist die Verbindung weniger eng. Wegen des gehäuften, gleichzeitigen Auftretens [251] weiterer Autoimmunerkrankungen bei Zöliakie-Patienten (siehe Tabelle 9) sind etliche dieser Krankheiten daraufhin untersucht worden, ob Getreide auch für ihre Entstehung verantwortlich gemacht werden kann – oder nicht.

Zöliakie

Von Marsh [256] stammt der Satz: »Angesichts der zentralen, weltweiten Bedeutung des Weizens als Grundnahrungsmittel ist es erstaunlich, daß die Entdeckung seiner Rolle als Auslöser der Sprue-Zöliakie durch den holländischen Kinderarzt W. K. Dicke gerade einmal 40 Jahre zurückliegt.« In der Tat muß es überraschen, daß die Menschheit bis vor so kurzer Zeit nicht gewußt hat, daß ein so normales und weitverbreitetes Nahrungsmittel wie Getreide eine Erkrankung auslöst, die unter 1.000 Europäern immerhin einen bis 3,5 Menschen betrifft [257]. Wie genau bestimmte Peptid-Sequenzen in der alkohollöslichen (Gliadin-) Fraktion von Weizen, Roggen und Gerste die Zöliakie auslösen, ist noch immer nicht bekannt [258]. Doch besteht ein wachsender Konsens darüber, daß es sich bei der Zöliakie um eine Autoimmunerkrankung handelt [230, 259], bei der T-Lymphozyten im Bindegewebe der Darmschleimhaut aktiviert werden und die Darmzotten schädigen.

Wahrscheinlich spielt der Prozeß der molekularen Mimikry bei der Entstehung der Zöliakie eine wichtige Rolle [232]. Kagnoff et al. [260] haben nachgewiesen, daß Alpha-Gliadin im Weizen eine Aminosäuren-Sequenz aufweist, die auch im E1B-Protein des menschlichen Adenovirus 12[a] (Ad-12) vorkommt und daß Antikörper gegen E1B in einer Kreuzreaktion auch Alpha-Gliadin angreifen. Da 89% der Zöliakie-Patienten, aber nur 17% der (gesunden) Kontrollgruppe Anzeichen für eine Infektion mit Ad-12 zeigten [260], erscheint es möglich, daß eine Ad-12-Infektion bei Menschen mit einer genetischen Veranlagung für Zöliakie (HLA-DQ2) den Ausbruch der Erkrankung begünstigt, indem es eine Kreuzreaktion auslöst. Vielleicht kommt es sogar zu einer dreifachen Mimikry zwischen zwei körperfremden Antigenen (Ad-12, Gliadin) und dem Zielgewebe bzw. den HLA-Proteinen selbst [261].

a Adenoviren – eine Familie unverhüllter DNA-Viren, deren Vertreter beim Menschen viele Krankheiten auslösen; die Typen 12, 18 und 31 können z.B. bei Tieren Krebs hervorrufen.

Tab. 9 Krankheiten, die zeitgleich mit Zöliakie/Sprue auftreten können

• Addison Krankheit	Bronzehautkrankheit, Insuffizienz der Nebennierenrinde
• Aphthen	entzündliche Mundausschläge
• Asthma	anfallsweise auftretende, schwere Atemnot
• Atopie	Neigung zu starken allergischen Reaktionen
• Autoimmunerkrankungen der Schilddrüse	das eigene Immunsystem attackiert das Schilddrüsengewebe
• Defekte am Zahnschmelz	Karies, Verfärbungen, später Zahnverlust
• Dermatitis herpetiformis	Duhring-Brocq-Krankheit, Hautkrankheit mit Bläschenbildung unter der Haut
• Epilepsie mit Verkalkungen im Gehirn	Funktionsstörung des Gehirns mit anfallsartigen, schweren Krämpfen und bleibender Schädigung dieses Organs
• Diabetes mellitus	»Zuckerkrankheit«, Versagen der Bauchspeicheldrüse, Insulin muß von außen zugeführt werden
• IgA Nephropathie	Berger Nephritis; durch körpereigene Immunglobuline der A-Klasse ausgelöste Nierenentzündung
• Lebererkrankungen	
- autoimmune Hepatitis	durch Angriff des eigenen Immunsystems ausgelöste Leberentzündung
- sklerotische Cholangitis	Entzündung und Vernarbung der Gallenwege
- biliäre Leberzirrhose	Hanot-Krankheit; durch Gallenerkrankungen (siehe zuvor) ausgelöste Leberzirrhose
• Rheumatoide Arthritis	»Rheuma«, entzündliche Erkrankung der Knochen und Gelenke
• IgA-Mangel	Erkrankungen der Atem- und Verdauungswege durch zuwenig Immunglobulin A
• Sjögren-Syndrom	Sicca-Syndrom; »Trockenes Auge«, Versiegen des Tränenflusses; bei Sjögren-Syndrom auch Versiegen der Speichel- und Talgdrüsen
• systemischer Lupus erythematodes	von lat. *Wolf*; schwere Autoimmunerkrankung, bei der verschiedene Antikörper unterschiedliche Körpergewebe angreifen.

Eine Zöliakie wird normalerweise durch den Test auf Immunglobulin-G Antikörper gegen Retikulin (ARA), Endomysium (AMA) oder Gliadin (AGA) festgestellt. Das Endomysium besteht aus Bindegewebszellen, welche die Muskelfasern des Darms umschließen; die Fasern des Retikulins verbinden die Zellen der Darmmuskulatur und elastisches Gewebe im Endomysium. Es steht noch nicht fest, gegen welche spezifischen Proteine ARA und AMA gerichtet sind, doch jüngere Untersuchungen haben sowohl Transglutaminase [262], als auch Calretikulin [245] als mögliche Kandidaten identifiziert. Gliadin und Calretikulin weisen eine gleiche Aminosäuren-Sequenz auf und Antikörper gegen Calretikulin reagieren über Kreuz auch mit Gliadin [245]; das stützt die These der molekularen Mimikry bei der Entstehung der Zöliakie [263].

Da es sich bei den Gliadinen um eine komplexe Mixtur von Proteinen handelt (40 verschiedene Komponenten finden sich allein in einer Weizensorte [264]), löst wahrscheinlich nicht ein einzelnes Gliadinprotein die Zöliakie aus, sondern mehrere, die alle ähnliche oder gleiche Bindungsstellen für denselben Antikörper aufweisen [265]. Es erscheint also möglich, daß bei der Entstehung der Zöliakie mehrere dieser Gliadinproteine über Kreuz mit einem oder mehreren körpereigenen Antigenen reagieren, ähnlich den multiplen Kreuzreaktionen, die bei anderen Autoimmunerkrankungen beobachtet wurden [246]. Das körpereigene Antigen, dessen Molekülstruktur dem körperfremden Peptid am ähnlichsten ist, kann (nachdem es dem Immunsystem durch HLA vorgestellt wurde) vermutlich als Hauptverantwortlicher für die zerstörerischen Angriffe des fehlgeleiteten Immunsystems gelten, die von T-Lymphozyten ausgeführt werden.

Eine Gesamtübersicht der Entstehung von Zöliakie würde ergeben, daß WGA aus der Nahrung sich an die Schleimhautzellen des Darms bindet und deren Durchlässigkeit erhöht [217]. So gelangen WGA [211] und andere Gliadinproteine in den Blutkreislauf. Durch ihre Lektin-Eigenschaften gelingt es WGA oder einem Gliadin, beim Kontakt mit HLA Klasse II-Molekülen eine fehlgeleitete Immunantwort auszulösen, die dann körpereigene Proteine auf der Oberfläche des Dünndarmepithels trifft, darunter das Calretikulin [235].

Das wird möglich, da bei entsprechender Erbanlage (HLA-DQ2) die Moleküle in der Bindungsstelle des HLA-Antigens etwas anders angeordnet sind [247], so daß bei Kontakt mit dem Rezeptor einer T-Zelle[a] auch das Signal für den Angriff auf körpereigene Proteine wie Calretikulin gegeben wird. So werden also im Blut gefundene Gliadinproteine von Makrophagen eingefangen und in kürzere Peptide zerlegt; die HLA-Moleküle stellen diese den CD4+ T-Lymphozyten vor. Da die Peptide aus dem Gliadinprotein Aminosäuren-Sequenzen aufweisen, die denen des körpereigenen Proteins (Calretikulin) entsprechen, lösen die zelltoxischen CD4+ Lymphozyten einen Angriff des Immunsystems auf beide aus: Sowohl auf den Makrophagen, der Überreste des fremden Proteins (Gliadin) enthält, als auch auf die Epithelzellen der Darmwand, die das körpereigene Calretikulin beherbergen.

Auch Viren, die in Verdacht stehen, Autoimmunerkrankungen auszulösen, verfahren auf diese Weise, indem sie die Bildung von Antikörpern gegen körpereigenes Gewebe – darunter wiederum Calretikulin [266] – auf der Oberfläche der Zellen anregen. Darüber hinaus stimmt auch der Aufbau dieser Viren teilweise mit der von Auto-Antigenen[b] überein [233, 242]. Hat der Prozeß der Mimikry einmal begonnen, kann die selbstzerstörerische Immunantwort weiter verstärkt werden, wenn WGA [234, 241] oder Viren [210] ihrerseits die Vermehrung von T-Zellen anstoßen. Beide, Lektine [238, 239] und Viren [210], vermögen die Bildung von Interferon-Gamma anzuregen.

Dermatitis herpetiformis

Dermatitis herpetiformis (DH) ist eine Hautkrankheit, bei der sich stark jukkende Bläschen entwickeln; in der Basalmembran[c] kommt es zu Ablagerun-

a T-Zelle – Kurzbezeichnung für T-Lymphozyten

b Auto-Antigen – von griech. *auto* (selbst, eigen) und Antigen; im Körper selbst gebildete Antigene, die die Bildung von Auto-Antikörpern bewirken.

c Basalmembran – Grundhäutchen, dünne Schicht zwischen Ober- und Unterhaut

gen von Immunglobulin A (IgA) [267]. Mit einer glutenfreien Ernährung kann DH erfolgreich behandelt werden, obwohl es Jahre dauern kann, bis diese Hauterkrankung allein durch eine Ernährungsumstellung unter Kontrolle gebracht wird [231]. DH und Zöliakie können auf die gleichen Erbanlagen zurückgeführt werden (HLA-DQ2); geschätzte 60 % aller DH-Kranken weisen leichte bis schwere Schädigungen der Dünndarmzotten auf [251]. Wie bei der Zöliakie bleibt auch hier das Auto-Antigen im Gewebe unbekannt. Doch gibt es Ähnlichkeiten im Aufbau von menschlichem Elastin [a] und einem Glutenprotein im Weizen, dem sog. Glutenin mit hohem Molekulargewicht. Beide Proteine lösen eine IgA-Kreuzreaktion im Blutserum des Menschen aus [268]. Bodvarsson et al. [268] haben angeregt, die Kreuzreaktivität (Mimikry) zwischen Glutenin aus der Ernährung und dem Elastin der Haut als eine Ursache von DH zu betrachten.

Insulinabhängiger Diabetes mellitus

Der insulinabhängige Diabetes mellitus (IDDM) ist eine vielschichtige Erkrankung, bei der mehrere Faktoren aus der Umwelt eine Rolle spielen sollen. Doch könnte die Krankheit auch durch eine gleiche Aminosäuren-Sequenz (molekulare Mimikry) bei Viren-Proteinen und den Beta-Zellproteinen der Bauchspeicheldrüse (z.B. das Coxsackie Virus-Protein [b] und Glutamat-Decarboxylase) ausgelöst werden [269]. Darüber hinaus sind Kreuzreaktionen zwischen Nahrungsproteinen aus der Kuhmilch und einem Beta-Zell-Antigen nachgewiesen; auch diesem Umweltfaktor wurde eine Rolle als Auslöser der Krankheit zugesprochen [243]. Schatz und Maclaren [270]

a Elastin – Bindegewebsprotein, das für die Elastizität bestimmer Organe, z.B. der Arterien, verantwortlich ist.

b Coxsackie-Virus – nach dem Ort Coxsackie (USA) benanntes Virus, weltweit verbreitet, ruft u.a. fieberhafte Infektionen (»Sommergrippe«) und Hirnhautentzündung hervor.

haben allerdings darauf hingewiesen, daß im Tierversuch die Krankheit häufiger durch die Fütterung von Weizen ausgelöst wird, als durch Milch. Tatsächlich haben zahlreiche Studien gezeigt, daß die Verfütterung von Weizen-Gluten an Mäuse und Ratten mit einer erblichen Vorbelastung für IDDM die Krankheit häufiger auslöst [255, 271, 272]. Trotzdem ist es schwer zu durchschauen, wie genau Weizenproteine eine IDDM bei diesen Tieren hervorrufen.

Ro(SS-A) [a] Antikörper sind bei schlanken, diabeteskranken Mäusen [273] und bei Menschen mit IDDM [274] und mit Sjögren-Syndrom (s.u.) gefunden worden [275], daher könnte die molekulare Mimikry, die zwischen Calretikulin und den Peptiden des Weizen-Gliadins auftritt [245], auch bei dieser Autoimmun-Antwort beteiligt sein. Obwohl widersprüchliche Ergebnisse zur Rolle des Calretikulins im Ro(SS-A)-Komplex vorliegen [276], deuten jüngere Forschungen übereinstimmend darauf hin, daß Calretikulin auch in einer Gestalt vorliegt, die direkt mit den vier Varianten der Ribonukleinsäure (RNA) [b] von Ro(SS-A) in Verbindung gebracht werden kann [276].

Sjögren-Syndrom

Das Sjögren-Syndrom (Sicca-Syndrom) ist eine Autoimmunerkrankung, bei der das Eindringen von CD4+ T-Zellen in die Tränen- und Speicheldrüsen zu trockenen Augen und zur Mundtrockenheit führt [278]. Bei Patienten mit Sjögren-Syndrom werden häufiger Antikörper gegen Glykoproteine aus Gliadin und Retikulin gefunden, als in den Kontrollgruppen [279]. Zudem kommt das Sjögren-Syndrom bei Zöliakie-Kranken etwa zehnmal häufiger

a Ro(SS-A) Antikörper sind gegen zwei Proteine kleiner Ribonukleinsäurepartikel gerichtet, deren Funktion noch nicht geklärt ist.

b Ribonukleinsäure – Verbindung in allen lebenden Zellen, verantwortlich für den Transport der Erbinformation von der Desoxyribonukleinsäure im Zellkern in das Zellplasma und deren Umsetzung.

vor, als bei anderen Menschen [280]. Typisch für das Sjögren-Syndrom sind erhöhte Spiegel von Ro(SS-A) Antikörpern [275, 278], und da vier RNA-Stücke von Ro(SS-A) Antikörpern (hY RNA 1, 2, 3, 4) zusammen mit einer entsprechenden Form des Retikulins vorliegen [277], könnte auch eine molekulare Mimikry zwischen Alpha-Gliadin und Calretikulin für die Autoimmunerkrankung verantwortlich sein. Calretikulin ist eigentlich ein Protein im Inneren der Zellen, durch Virusinfektionen kann es aber vermehrt auf den Zelloberflächen zu finden sein [266]. Ähnliches ist von Lektinen (Gliadin eingeschlossen) bekannt, die ebenfalls zu einer Aktivierung von HLA Klasse II-Molekülen auf der Zelloberfläche führen [235, 237].

Beim Sjögren-Syndrom wurde in den Basalmembranen der Tränendrüsen und der Ohrspeicheldrüse noch ein weiteres körpereigenes Antigen gefunden, das BM 180 genannt wurde; es reagiert über Kreuz mit Alpha-Gliadin-Proteinen [246]. Erstaunlicherweise enthält BM 180 eine Aminosäuren-Sequenz (VRVPVPQLQPQNP), die sich genauso beim Alpha-Gliadin wiederfindet; Versuche mit mono- und polyklonalen Antikörpern [a] legen nahe, daß es sich bei BM 180 tatsächlich um eine den Säugetieren eigene Art des Gliadins handelt [246]. BM 180 könnte bei der Vermittlung des Sekretionsreizes benötigt werden [246], daher würde ein Angriff des Immunsystems mit CD4+ T-Zellen – scharf gemacht durch vorherigen Kontakt mit Makrophagen, die Alpha-Gliadin enthalten – sich direkt gegen die Zellen der Tränen- und der Ohrspeicheldrüse wenden, die BM 180 enthalten. Trotz der naheliegenden Verbindung zwischen Zöliakie und Sjögren-Syndrom, sowie der Belege für molekulare Mimikry gibt es nur wenige Studien zu den – möglicherweise lindernden – Wirkungen einer glutenfreien Ernährung beim Sjögren-Syndrom.

Rheumatoide Arthritis

Rheumatoide Arthritis, im Volksmund »Rheuma« genannt, ist eine vielschichtige Autoimmunerkrankung, an deren Entstehung eine Reihe von Umweltfaktoren und die entsprechende genetische Veranlagung beteiligt sind. Ebenso wie bei einer Anzahl anderer Autoimmunerkrankungen tritt auch das Rheuma bei Zöliakie-Patienten häufiger auf [251, 281]. Viele Studien mit Rheuma-Patienten haben erhöhte Spiegel von Antikörpern gegen Gliadin gefunden [282, 283] und es wurde nachgewiesen, daß eine glutenfreie Ernährung die Rheuma-Symptome bei Zöliakie-Patienten deutlich lindert [283-285]. Bislang sind noch keine großen klinischen Studien zur Wirkung einer glutenfreien Ernährung in der Rheuma-Behandlung unternommen worden, doch existieren bereits etliche Fallstudien, die von einem Rückgang der Rheuma-Symptome bei einer Ernährung ohne Getreide berichten [286-289]. Auch der komplette Verzicht auf Nahrung (Fasten) vermindert objektive und subjektive Anzeichen der Krankheit [290].

Im Blutserum [b] von Rheuma-Patienten wurden Antikörper gegen das bovine [c] Serumalbumin (BSA) der Kuhmilch gefunden. Da BSA gleiche Aminosäuren-Sequenzen enthält wie das menschliche Kollagenprotein [d] vom Typ I, wurde bereits angeregt, Milchverzehr und molekulare Mimikry als möglichen Auslöser für rheumatische Erkrankungen zu betrachten [291]. Neben der Milch weist auch das glycinreiche Zellwandprotein (GRP 1.8), das überall in Getreide und Hülsenfrüchten vorkommt, Übereinstimmungen in der Aminosäuren-Sequenz mit Kollagenfasern und Prokollagen [e] auf. Wie nachgewiesen wurde, reizt GRP 1.8 die T-Zellen in der Schleimbeutel-Flüssigkeit [f] von jugendlichen und erwachsenen Rheuma-Patienten [292].

a mono- bzw. polyklonale Antikörper – aus einem bzw. vielen Zellklonen gebildete Immunglobuline, die zur Erkennung und Behandlung verschiedener Krankheiten verwendet werden.

b Blutserum – der von Blutkörperchen und Blutplättchen befreite, wässrige, leicht gelbliche Bestandteil des Blutes.

c bovin – zum Rind gehörend

d Kollagen – leimartiges Eiweiß des Bindegewebes

e Prokollagen – Vorstufe von Kollagen

f Schleimbeutel – mit einer schleimigen Flüssigkeit gefülltes Säckchen, das in den Gelenken als Polster dient.

Ein drittes Antigen in der Nahrung, das Rheuma ebenfalls durch molekulare Mimikry auslösen könnte, ist das Alpha-Gliadin im Weizen, welches die gleichen Aminosäuren-Sequenzen wie Calretikulin enthält [245]. Antikörper gegen Calretikulin sind bei Rheuma-Kranken gefunden worden [293] und es ist bekannt, daß sich bei Rheuma-Kranken HLA-DR4-Moleküle an ein Peptid-Bruchstück aus Calretikulin binden (und es so den T-Zellen vorstellen) [294]. Antigene aus drei Lebensmittelgruppen (Milch, Getreide und Hülsenfrüchte) enthalten also eine Vielzahl von Peptiden, die jenen gleichen, die auch im Gewebe der Gelenke von Rheuma-Kranken vorkommen. Getreide und Hülsenfrüchte enthalten zusätzlich noch Lektine, die HLA Klasse II-Moleküle irreführen [235, 237]. Zukünftige Ernährungstrategien zur Behandlung von Rheuma sollten diesen – sich vielleicht sogar addierenden – Effekten Rechnung tragen.

Andere Autoimmunerkrankungen

Die *Berger Nephritis*, auch IgA Nephropathie genannt, stellt weltweit die häufigste Form der entzündlichen Nierenerkrankung dar. Etwa ein Viertel aller Erkrankten erreichen 10 Jahre nach Feststellung erster Symptome das Stadium des völligen Nierenversagens [295]. Eine IgA Nephropathie entsteht, wenn im Blut zirkulierende Immunkomplexe, die IgA enthalten (IgAIC),[a] sich im Mesangium[b] ansammeln. Wer an IgA Nephropathie erkrankt, zeigt eine erhöhte Darmdurchlässigkeit [296], weist im Blutserum hohe Spiegel von Antikörpern gegen Gliadin auf [296, 297], sowie gegen Lektine, die Interleukin-6[c] (IL-6) aktivieren, das wiederum Nierenentzündungen verursacht

a IgAIC – von engl. *Immunglobuline A Containing Immune Complex*; ein Immunkomplex ist die Verbindung zwischen einem Antikörper, hier das Immunglobulin A, und einem Antigen, dem artfremden Eiweiß
b Mesangium – Bindegewebszellen in den Nierenkörperchen
c Interleukine – Kommunikationsproteine der Immunreaktion

[298]. Im Versuch an Nagetieren kann eine IgA Nephropathie durch gliadinhaltige Ernährung hervorgerufen werden; dabei steigt die Zahl der Antikörper gegen Gliadin rapide an und im Mesangium finden sich mehr Ablagerungen von IgA, als bei gliadinfrei ernährten Kontrollgruppen [299]. Menschen, die sich an eine glutenfreie Ernährung halten, zeigen weniger Antikörper und weniger Ablagerungen von IgAIC, doch das Fortschreiten der Erkrankung bis hin zum Nierenversagen läßt sich so nicht aufhalten [300]. Amore et al. [240] haben vorgeschlagen, daß Gliadin durch seine Lektin-Eigenschaften die Bindung von IgA, sowie IgAIC an die Mesangialzellen begünstigt und so den Ablagerungen von IgA im Mesangium Vorschub leistet.

Die Ursachen der *Mundfäule* (Gingivostomatitis herpetica) bleiben im Dunkeln, doch wird als Auslöser eine Immunreaktion mit einem noch unbekannten Zielgewebe vermutet [301]. Nach O'Farelly et al. [302] weisen vier von elf Patienten mit Mundfäule erhöhte Spiegel von Antikörpern gegen Alpha-Gliadin auf und bei drei dieser vier Erkrankten gingen die Geschwüre zurück, wenn Gluten aus der Ernährung entfernt wurde, kehrten aber wieder, sobald glutenhaltige Nahrungsmittel verzehrt wurden. Andere Studien an Patienten mit Mundfäule haben die vorteilhafte Wirkung einer glutenfreien Ernährung bei einigen, aber nicht allen Versuchsteilnehmern nachgewiesen [303, 304]. Wie genau Weizengluten auf die Entwicklung der Mundfäule wirkt, ist noch unklar.

Mit hoher Wahrscheinlichkeit geht molekulare Mimikry auch der Entstehung einer *Multiplen Sklerose* [a] (MS) voraus [305, 306]. Bei einer Reihe von viralen und bakteriellen Proteinen ist die Kreuzreaktion mit Myelin Basic Protein (MBP) nachgewiesen [305], das bei Multipler Sklerose als eines der Antigene im Zielgewebe in Verdacht geraten ist. Da die Blut-Hirn-Schranke aktivierte T-Zellen daran hindert, zum Zentralen Nervensystem (ZNS) vor-

a Multiple Sklerose – Entzündliche Erkrankung des Zentralen Nervensystems mit vielfältigen Ausfallerscheinungen, die Krankheit schreitet schubweise voran.

zudringen, werden Schäden vornehmlich durch die Aktivierung von T-Zellen im umliegenden (peripheren) Immunsystem ausgelöst. Es erscheint daher möglich, daß Antigene aus der Nahrung eine anhaltende Reizung der T-Zellen verursachen, indem sie Aminosäuren-Sequenzen aufweisen, die in verschiedenen Myelin- und Nichtmyelin-Zielantigenen ebenfalls vorkommen. Das führt zur Bildung verschiedenster T-Zellen, die eigenes Gewebe angreifen, ähnlich wie man es auch von bakteriellen und viralen Antigenen kennt. Obwohl bisher noch keine Übereinstimmungen der Aminosäuren-Sequenzen von Nahrungs-Antigenen und den vermuteten Auto-Antigenen von MS-Patienten gefunden wurden, gibt es epidemiologische Berichte, die zwischen dem Verzehr von Weizen [307], sowie Milch [308] und dem Vorkommen Multipler Sklerose einen Zusammenhang herstellen. Das deckt sich mit der Beobachtung, daß MS mit zunehmenden Breitengraden verstärkt auftritt[a] [309]. Etliche Fallstudien haben ergeben, daß die Symptome von MS bei einer glutenfreien Ernährung zurückgehen [310-312]. Zudem weisen einige MS-Patienten Veränderungen der Dünndarmschleimhaut auf [313, 314], die eine vermehrte Durchlässigkeit für Antigene aus der Nahrung vermuten lassen.

Allerdings zeigen MS-Patienten in der Regel keine Erhöhung der Antikörper gegen Gliadin [315] und einige Studien haben keine Vorteile einer glutenfreien Ernährung festgestellt [316, 317]. Wenn Antigene aus der Nahrung also Aminosäuren-Sequenzen aufweisen, die auch in mutmaßlichen Auto-Antigenen vorkommen und so die T-Zellen im Gewebe um das ZNS reizen, dann dürfte eine Untersuchung zur Rolle der Ernährung in der MS-Behandlung die Wirkungen verschiedener Nahrungs-Antigene (Milchprodukte, Getreide, Hülsenfrüchte und Hefe), welche entweder molekulare Mimikry und/oder eine Reizung der T-Zellen auslösen, nicht außer Acht lassen.

*

a In Europa gibt es nördlich des 46. und in den USA nördlich des 38. Breitengrades ca. 30-60 Fälle pro 100.000 Einwohner, im Süden kommt MS dagegen sehr viel seltener vor.

KAPITEL 5

MIT GETREIDEVERZEHR ASSOZIIERTE PSYCHOLOGISCHE UND NEUROLOGISCHE ERKRANKUNGEN

Schon lange ist bekannt, daß Zöliakie-Patienten häufig unter neurologischen Störungen leiden,[a] darunter Epilepsie, auf das Kleinhirn zurückgehende Bewegungsstörungen (zerebellare Ataxien), Demenz, degenerative Erkrankungen des Zentralnervensystems, axonal-[b] oder myelinbedingte periphere Neuropathien[c] und degenerative Muskelerkrankungen [318]. Eine jüngere Untersuchung förderte zutage, daß 57 % der Patienten mit Nervenerkrankungen unbekannter Ursache (25 Ataxien, 20 periphere Neuropathien, 5 Mononeuritis multiplex, 4 Myopathien, 3 motorische Myopathien und 3 Myelopathien) Antikörper gegen Gliadin aufweisen und 16 % (das sind 40-mal mehr als der Bevölkerungsdurchschnitt) an Zöliakie leiden [315]. Wie genau Nervenerkrankungen, Gliadin-Antikörper und Zöliakie zusammenhängen, ist nicht bekannt; die Beteiligung einer Immunreaktion erscheint aber wahrscheinlich [315, 318]. Obwohl klinische Untersuchungen mit einer strikt eingehaltenen, glutenfreien Ernährung noch nicht stattgefunden haben, wurde

a Neurologie – Fachgebiet der Medizin, das sich mit der Erforschung und Behandlung von Nervenkrankheiten befaßt.

b Neuraxon – Nervenzellenfortsatz.

c periphere Neuropathie – Nervenleiden der Extremitäten

bereits geäußert, daß damit Nervenerkrankungen gelindert oder gar gestoppt werden könnten [315].

Epilepsie tritt bei 5,5 von 100 Zöliakie-Patienten auf; bei der Hälfte dieser Epileptiker kommt es zu beidseitigen Verkalkungen des Scheitel- und Hinterhauptlappens im Gehirn [319]. Dieses Dreigestirn kommt bei einer bestimmten HLA-Erbanlage vor und wird vermutlich durch einen unterschwelligen Immundefekt ausgelöst [320]. Wenn kurz nach dem ersten Auftreten einer Epilepsie auf eine glutenfreie Ernährung umgeschwenkt wird, treten Anfälle kaum noch auf oder werden sogar ganz vermieden [321, 322].

Autismus als Verhaltensstörung bei Kindern ist gekennzeichnet durch stark eingeschränkte Phantasie und Sprachbegabung, statt dessen tritt ein sich wiederholendes Verhalten mit Neigung zur Selbstverletzung auf, sowie eine abnorme Reaktion auf Mitmenschen und Umwelt. Die Ursachen des Autismus sind noch nicht entdeckt, doch wird angenommen, daß der Erkrankung sowohl genetische [323] als auch immunologische Faktoren [324] zugrunde liegen. Bei autistischen Kindern wurden HLA-Erbanlagen festgestellt [323], die gehäuft auch bei anderen Autoimmunerkrankungen, z.B. Rheuma, vorkommen und sie weisen Auto-Antikörper gegen das Myelin Basic Protein auf [324]. Einige Autisten zeigen erhöhte Antikörper gegen Gluten und Casein [a] [325]; der Einsatz einer glutenfreien Ernährung hatte allerdings widersprüchliche Ergebnisse zur Folge [325, 326].

Mehr als 30 Jahre sind vergangen, seit Dohan erstmals die Hypothese [b] aufstellte, daß Opioide [c] in enzymatisch verdautem Getreide-Gluten bei dafür empfänglichen Personen eine Schizophrenie [d] hervorrufen können [327, 328]. In einer Meta-Analyse von mehr als 50 Aufsätzen, die zwischen 1966

a Casein – eine Fraktion des Milchproteins
b Hypothese – wissenschaftliche Annahme
c Opioid – ein im Körper gebildetes Peptid, das die Wirkung von Opium hat
d Schizophrenie – Geisteskrankheit mit Wahrnehmungsstörungen und Wahnvorstellungen

und 1990 zur Rolle von Getreide bei der Entstehung der Schizophrenie veröffentlicht wurden, kam Lorenz [329] zu dem Schluß: »Bei Völkern, die wenig oder gar keinen Weizen, Roggen und Gerste verzehren, ist das Vorkommen der Schizophrenie sehr gering; unterschiedliche kulturelle Einflüsse ändern nichts an dieser Tatsache.« Mehrere klinische Studien [330-332] stützen diese Erkenntnis durch den Nachweis, daß sich Schizophrenie bei einer glutenfreien Ernährung bessert und bei Wiedereinführung von Gluten in die Ernährung verschlechtert. Darüber hinaus tritt die Schizophrenie bei Zöliakie-Kranken 30-mal häufiger auf, als in der Gesamtbevölkerung [329]. Schizophrene weisen auch erhöhte IgA-Antikörper gegen Gliadin auf [333].

Es setzt sich zunehmend die Erkenntnis durch, daß bei einer Untergruppe der Schizophrenie-Patienten auch der Autoimmunität eine Rolle bei der Entstehung der Krankheit zukommt [334, 335]. Schizophrene Menschen zeigen immunologische Auffälligkeiten wie eine höhere Anzahl von Autoimmunerkrankungen, antinukleare [a] und andere Antikörper, eine verminderte Produktion von Interleukin-2 (IL-2), eine Erhöhung der IL-2 Rezeptoren, sowie der Konzentration von IL-6 im Blutserum und eine Verbindung mit HLA-Antigenen [334, 335]. Wie bei anderen Autoimmunerkrankungen auch, kann Getreide die mutmaßliche Autoimmun-Wirkung bei der Schizophrenie durch molekulare Mimikry verstärken, indem körpereigene Antigene im Gehirngewebe von T-Lymphozyten des eigenen Immunsystems aufgespürt und zerstört werden, da sie den fremden Antigenen aus der Nahrung gleichen.

Selbst wenn diese Annahme auf einige Schizophrenie-Kranke zutrifft, so läßt das rapide Verschwinden von Krankheitssymptomen durch eine glutenfreie Ernährung, die in klinischen Versuchen beobachtet wurde [330-332], auch eine zusätzlich verantwortliche, schnellere Reaktion vermuten, denn beschädigte Nervenzellen könnten nicht so schnell wiederhergestellt werden.

a antinuklear – gegen Bestandteile des Zellkerns (Nukleus) gerichtet

In diesem Zusammenhang muß erneut darauf hingewiesen werden, daß bestimmte Gluten-Peptide aus dem Weizen eine hohe Opioid-Wirkung aufweisen, die durch Naloxon [a] gehemmt werden kann [336, 337]. Der Aufbau dieser Opioide aus der enzymatischen Verdauung von Weizengluten ist seit kurzem erforscht und ihre Aminosäurenstruktur bestimmt worden [338-340]. Versuche mit radioaktiv markierten Gliadin-Molekülen lieferten überzeugende Belege dafür, daß diese Peptide die Opioid-Rezeptoren im Gehirn und anderen Organen erreichen [329]. Denkbar ist, daß Getreide Verhaltensstörungen auslöst, indem es einen direkten Einfluß auf die Opioid-Rezeptoren des Zentralnervensystems ausübt oder vielleicht durch eine gleichzeitige Immunreaktion gegen körpereigene Antigene im Zentralen Nervensystem.

*

a Naloxon – Medikament; Gegenspieler des Morphiums, besetzt die Opiatrezeptoren, ohne Rauschwirkungen auszulösen

KAPITEL 6

SCHLUSSFOLGERUNGEN

Wenn man die lange Evolution des Menschen betrachtet, so ist die Einführung des Ackerbaus und daraus folgend, der Verzehr von Getreide eine ziemlich junge Erscheinung. Wie Tabelle 3 zeigt, liegt dieses Ereignis in vielen Gegenden der Welt gerade einmal 5.500 bis 10.000 Jahre zurück. Biologisch gesehen, stellt das Getreide ein ganz neues Lebensmittel für die Menschheit dar [341, 342], folglich gibt es erhebliche genetische Dissonanzen [a] zwischen diesem neuen Grundnahrungsmittel und jenen Lebensmitteln, an die unsere Art sich genetisch angepaßt hat.

Getreide mangelt es an einer Reihe von Nährstoffen, die für Gesundheit und Wohlergehen des Menschen unverzichtbar sind und es enthält zahlreiche Vitamine und Mineralien mit nur niedriger biologischer Verfügbarkeit. Darüber hinaus deutet auch das Unvermögen des Menschen, die Antinutriente im Getreide (Phytate, Alkylresorcinole, Protease-Hemmer, Lektine etc.) zu bezwingen, auf die Tatsache hin, wie – evolutionsgeschichtlich – neu dieses Nahrungsmittel für unsere Art ist. Mangelnde genetische Anpassung und das Mißverhältnis zwischen den Nährstoffbedürfnissen des Menschen und dem Nährstoffprofil des Getreides führen zu Vitamin- und Mineralstoffmängeln und anderen Störungen, die mit der Nährstoffversorgung zusammenhängen,

a Dissonanz – Mißklang

besonders dann, wenn Getreide in großer Menge verzehrt wird. Schlimmer noch erscheinen die Fähigkeiten verschiedener Getreideproteine (Protease-Hemmer, Lektine, Opioide und Speicher-Peptide), den Organismus des Menschen zu beeinflussen und ihn zu verändern. Das geht auf körperliche Besonderheiten zurück, die wir Menschen, stammesgeschichtlich gesehen, mit vielen Pflanzenfressern teilen, die sich schon immer von der Familie der Gräser ernährt haben. Die sekundären Pflanzenstoffe (Antinutriente) im Getreidekorn wurden über Äonen vom Selektionsdruck geformt und dienen dem Schutz vor den traditionellen Feinden (Insekten, Vögel und Huftiere) dieser Pflanzenfamilie. Da sich Primaten und Hominiden[a] im tropischen Regenwald entwickelten, wo sich zweikeimblättrige Pflanzen durchgesetzt hatten, konnte der Körper des Menschen so gut wie keine evolutionären Erfahrungen mit einkeimblättrigen Gräsern sammeln, den Vorläufern des heutigen Getreides. Der Mensch ist also eher schlecht als recht angepaßt an ein Grundnahrungsmittel, das heute die meisten Völker der Erde ernährt.

Getreide kann offensichtlich in die Ernährung einbezogen werden. Wenn dies nicht in allzu großer Menge geschieht, kommt es nicht zu Gesundheitsschäden; darin liegt seine Stärke. Wenn Getreide abwechslungsreich mit tierischen und pflanzlichen Lebensmitteln kombiniert wird, kann es als billiger und sättigender Kalorienlieferant dienen und so menschliches Leben erhalten und fördern. Weitverbreiteter Anbau und Züchtung von Getreide hatten ein dramatisches Bevölkerungswachstum zur Folge, dieses wiederum führte zu den enormen kulturellen und technologischen Errungenschaften der Menschheit. Die Schattenseite des Getreides liegt darin, daß der Verzehr großer Mengen bei allen Menschen zu Gesundheitsschäden führt. Diese Erkenntnis ist relativ neu, denn erst mit der Entdeckung von Vitaminen, Mineralien und bestimmten Antinutrienten zu Beginn des letzten Jahrhunderts konnten empirische Untersuchungen zu diesem Thema durchgeführt werden.

a Hominid – Vormensch

Die Einsicht, daß Peptide im Getreide den Stoffwechsel des menschlichen Körpers beeinflussen, ja verändern und so Störungen und Krankheiten auslösen ist noch jünger; sie geht auf die frühen 1950er Jahre zurück, als das Gluten im Weizen als Ursache der Zöliakie identifiziert wurde. Erst in den letzten zehn Jahren ist – noch unvollständig, wie ich zugebe – das Verständnis dafür gewachsen, daß bestimmte Peptide im Getreide das Immunsystem beeinflussen und so eine Reihe von Autoimmunerkrankungen auslösen können. Diese beiden scheinbar weit voneinander entfernten Dinge (Autoimmunerkrankung und der Verzehr eines Grundnahrungsmittels) sind bei näherer Betrachtung eng verbunden: Gene verschiedener Arten, die identische Produkte hervorbringen (molekulare Mimikry) treffen in der Evolution des Menschen erst seit kurzem aufeinander. Obwohl uns der Verzehr von Getreide als Teil unserer Geschichte sehr alt erscheint, ist er – biologisch gesehen – gerade zum ersten Mal geschehen. Deshalb sind das Immunsystem des Menschen, sein Verdauungsapparat und seine Drüsensysteme noch nicht vollständig angepaßt an ein Nahrungsmittel, das 56 % der vom Menschen verzehrten Kalorien liefert und 50 % seines Proteins.

Getreide ist in der Tat das zweischneidige Schwert der Menschheit. Ohne Getreide hätte unsere Art wahrscheinlich niemals die vielschichtigen kulturellen und technologischen Neuerungen hervorgebracht, welche uns schließlich erlaubten, die evolutionäre Nische der Jäger und Sammler zu verlassen. Doch wegen des Mißklangs zwischen den von der Evolution geformten Nährstoffbedürfnissen des Menschen und dem unzulänglichen Nährstoffgehalt hochgezüchteter Gräser leiden viele Völker der Welt an Krankheiten und Beschwerden, die allein dem Verzehr von Getreide zuzuschreiben sind.

* * *

QUELLEN

1 Stoskopf NC: Cereal Grain Crops. Reston, Reston Publishing Company, 1985.

2 Mangelsdorf PC: Genetic potentials for increasing yields of food crops and animals. Proc Natl Acad Sci 1966;56:370-375.

3 Harlan JR: Crops and Man. Madison, American Society of Agronomy, 1992.

4 Eaton SB, Nelson DA: Calcium in evolutionary perspective. Am J Clin Nutr 1991;54: 281-287.

5 Sinclair AJ, O'Dea K: Fats in human diets through history: Is the western diet out of step?; in Wood JD, Fisher AV (eds): Reducing Fat in Meat Animals. London, Elsevier Applied Science, 1990, pp 1-47.

6 Eaton SB: Humans, lipids and evolution. Lipids 1992;27:814-820.

7 Eaton SB, Konner M: Paleolithic nutrition a consideration of its nature and current implications. N Engl J Med 1985;312:283-289.

8 Lee-Thorp JA, van der Merwe NJ, Brain CK: Diet of Australopithecus robustus at Swartkrans from stable carbon isotopic analysis. J Hum Evol 1994;27:361-372.

9 Eaton SB, Konner M, Shostak M: Stone agers in the fast lane: Chronic degenerative diseases in evolutionary perspective. Am J Med 1988;84:739-749.

10 Achterberg C, McDonnell E, Bagby R: How to put the food guide pyramid into practice. J Am Diet Assoc 1994;94:1030-1035.

11 Stuart AJ: Mammalian extinctions in the late pleistocene of Northern Eurasia and North America. Biol Rev Cambridge Phil Soc 1991;66:453-562.

12 Bradbury JH, Collins JG, Pyliotis NA: Digestibility of proteins of the histological components of cooked and raw rice. Br J Nutr 1984;52:507-513.

13 Stephen AM: Whole grains – Impact of consuming whole grains on physiological effects of dietary fiber and starch. Crit Rev Food Sci Nutr 1994;34:499-511.

14 Katz SH, Hediger ML, Valleroy LA: Traditional maize processing techniques in the new world. Science 1974; 184:765-773.

15 Eaton SB, Shostak M, Konner M: The Paleolithic Prescription. New York, Harper & Row, 1988.

16 Lorenz K, Lee VA: The nutritional and physiological impact of cereal products in human nutrition. Crit Rev Food Sci Nutr 1977;8:383-456.

17 Angel JL: Paleoecology, paleodemography and health; in Polgar S (ed): Population, Ecology and Social Evolution. The Hague, Mouton, 1975, pp 167-190.

18 Nickens PR: Stature reduction as an adaptive response to food production in Mesoamerica. J Archaeol Sci 1976;3:31-41.

19 Cohen MN: The significance of long-term changes in human diet and food economy; in Harris M, Ross EB (eds): Food and Evolution. Toward a Theory of Human Food Habits. Philadelphia, Temple University Press, 1987, pp 261-283.

20 Cassidy CM: Nutrition and health in agriculturalists and hunter-gatherers: A case study of two prehistoric populations; in Jerome RF, Kandel RF, Pelto GH (eds): Nutritional Anthropology: Contemporary Approaches to Diet and Culture. Pleasantville, Redgrave Publishing Company, 1980, pp 117-145.

21 Diamond J: The Third Chimpanzee: The Evolution and Future of the Human Animal. New York, Harper Collins, 1992, pp 180-191.

22 Lallo JW, Armelagos GJ, Mensforth RP: The role of diet, disease, and physiology in the origin of porotic hyperostosis. Human Biol 1977;49:471-473.

23 Turner CG: Dental anthropological indications of agriculture among the Jomon people of central Japan. Am J Phys Anthropol 1979;51:619-636.

24 E-Siong T: Carotenoids and retinoids in human nutrition. Crit Rev Food Sci Nutr 1992;31:103-163.

25 Rahmathullah L, Underwood B, Thulasiraj RD, Milton RC, Ramaswamy K, Rahmathullah R, Babu G: Reduced mortality among children in southern India receiving a small weekly dose of vitamin A. N Engl J Med 1990;323:929-935.

26 Lie C, Ying C, En-Lin W, Brun T, Geissler C: Impact of large-dose vitamin A supplementation on childhood diarrhoea, respiratory disease and growth. Eur J Clin Nutr 1992;47:88-96.

27 Hussey GD, Klein M: A randomized, controlled trial of vitamin A in children with severe measles. N Engl J Med 1990;323:160-164.

28 Glasziou PP, Mackerras DEM: Vitamin A supplementation in infectious diseases: Meta-analysis. Br Med J 1993;306:360-670.

29 Ziegler RG: Vegetables, fruits, and carotenoids and the risk of cancer. Am J Clin Nutr 1991;53:251-259.

30 Steinmetz KA, Potter JD: Vegetables, fruit and cancer. I. Epidemiology. Cancer Causes Control 1991;2:325-357.

31 Knekt P, Reunanen A, Jarvinen R, Seppanen R: Antioxidant vitamin intake and coronary mortality in a longitudinal population study. Am J Epidemiology 1994;139: 1180-1189.

32 Verlangieri AJ, Kapeghian JC, El-Dean S, Bush M: Fruit and vegetable consumption and cardiovascular mortality. Med Hypoth 1985; 16:7-15.

33 Patterson BH, Block G, Rosenberger WF, Pee W, Kahle LL: Fruit and vegetables in the American diet: Data from the NHANES II survey Am J Pub Health 1990;80:1443-1449.

34 Gaur R, Singh NY: Nutritional status among rural Meitei children of Manipur, India. Am J Hum Biol 1994;6:731-740.

35 Block G, Patterson B, Subar A: Fruit, vegetables, and cancer prevention: A review of the epidemiological evidence. Nutr Cancer 1992; 18:1-29.

36 Begom R, Singh RB: Prevalence of coronary artery disease and its risk factors in the urban population of south and north India. Acta Cardiol 1995;50:227-240.

37 Singh RB, Niaz MA, Bishnoi I, Sharma JP, Gupta S, Rastogi SS, Singh R, Begum R, Chibo H, Shoumin Z: Diet, antioxidant vitamins, oxidative stress and risk of coronary artery disease: The Peerzada prospective study. Acta Cardiol 1994;49: 453-467.

38 Singh RB, Ghosh S, Niaz MA, Singh R, Beegum R, Chibo H, Shoumin Z, Postiglione A: Dietary intake, plasma levels of antioxidant vitamins, and oxidative stress in relation to coronary artery disease in elderly subjects. Am J Cardiol 1995;76:1233-1238.

39 Singh RB, Shanti S, Rastogi SS, Niaq MA, Ghosh S. Singh R, Gupta S: Effect of fat modified and fruit and vegetable enriched diets on blood lipids in the Indian diet Heart Study. Am J Cardiol 1992;70:869-874.

40 Herbert V: Vitamin B-12: Plant sources, requirements, and assay. Am J Clin Nutr 1988;48:852-858.

41 Dwyer JT: Health aspects of vegetarian diets. Am J Clin Nutr 1988;48:712-738.

42 Herbert V: Staging vitamin B-12 (cobalamin) status in vegetarians. Am J Clin Nutr 1994;59:1213-1222.

43 Selhub J, Jacques PF, Wilson PW, Rush D, Rosenberg IH: Vitamin status and intake as primary determinants of homocysteinemia in an elderly population. JAMA 1993;270: 2693-2698.

44 Fryer RH, Wilson BD, Gubler DB, Fitzgerald LA, Rodgers GM: Homocysteine, a risk factor for premature vascular disease and thrombosis, induces tissue factor activity in endothelial cells. Arterioscler Thromb 1993; 13:1327-1333.

45 Kumar S, Ghosh K, Das KC: Serum B-12 levels in an Indian population: An evaluation of three assay methods. Med Lab Sci 1989;46:120-126.

46 Chanarin I, O'Shea AM, Malkowska V, Rinsler MG: Megaloblastic anaemia in a vegetarian Hindu community. Lancet 1985;ii:1168-1172.

47 Allen LH, Rosado JL, Casterline JE, Martinez H, Lopez P, Munoz E, Black AK: Vitamin B-12 deficiency and malabsorption are highly prevalent in rural Mexican communities. Am J Clin Nutr 1995;62:1013-1019.

48 Jukes TH: Historical perspectives: The prevention and conquest of scurvy, beri-beri, and pellagra. Prevent Med 1989;18:877-883.

49 Rolfe M, Walker RW, Samba KN, Cham K: Urban beri-beri in the Gambia, West Africa. Trans Royal Soc Trop Med Hygiene 1993;87:114-115.

50 Bollet AJ: Politics and pellagra: The epidemic of pellagra in the US in the early twentieth century. Yale J Biol Med 1992;65:211-221.

51 Roe DA: A Plague of Corn. the Social History of Pellagra. Ithaca, Cornell University Press, 1973.

52 Malfait P, Moren A, Dillon JC, Brodel A, Begkoyian G, Etchegorry MG, Malenga G, Hakewill P: An outbreak of pellagra related to changes in dietary niacin among Mozambican refugees in Malawi. Int J Epidemiol 1993;22:504-511.

53 Segal I, Hale M, Demetriou A, Mohamed AE: Pathological effects of pellagra on the esophagus. Nutr Cancer 1990;14:233-238.

54 Horwitt MK, Harvey C, Rothwell WS, Curler JL, Haffron D: Tryptophan-niacin relationships in man. Studies with diets deficient in riboflavin and niacin, together with observations on the excretion of nitrogen and niacin metabolites. J Nutr 1956;60(suppl 1):1-43.

55 Carpenter KJ, Lewin WJ: A critical review: A reexamination of the composition of diets associated with pellagra. J Nutr 1985;115:543-552.

56 Pusztai A: Review: Dietary lectins are metabolic signals for the gut and modulate immune and hormone functions. Eur J Clin Nutr 1993;47:691-699.

57 Nachbar MS, Oppenheim JD: Lectins in the United States diet: A survey of lectins in commonly consumed foods and a review of the literature. Am J Clin Nutr 1980;33: 2338-2345.

58 Mehta SK, Kaur S, Avasthi G, Wig NN, Chhuttani PN: Small intestinal deficit in pellagra. Am J Clin Nutr 1972;25:545-549.

59 DiLorenzo PA: Pellagra-like syndrome associated with isoniazid therapy. Acta Derm Venereol 1967;47:318-322.

60 Reynolds RD: Bioavailability of vitamin B-6 from plant foods. Am J Clin Nutr 1988; 48:863-867.

61 Gilbert JA, Gregory JF: Pyridoxine-5'-beta-D-glucoside affects the metabolic utilization of pyridoxine in rats. J Nutr 1992;122:1029-1035.

62 Trumbo PR, Gregory JF. Sartain DB: Incomplete utilization of pyridoxine-beta-glucoside as vitamin B-6 in the rats. J Nutr 1988;118:170-175.

63 Bamji MS, Sarma KV: Relationship between biochemical and clinical indices of B-vitamin deficiency. A study of rural school boys. Br J Nutr 1979;41:431-441.

64 Natarajan VS. Ravindran S. Sivashanmugam S: Assessment of nutrient intake and associated factors in an Indian elderly population. Age Ageing 1993;22:103-108.

65 Blair R, Misir R: Biotin bioavailability from protein supplements and cereal grains for growing broiler chickens. Int J Vit Nutr Res 1989;59:55-58.

66 Kopinksi JS, Leibholz J. Bryden WL: Biotin studies in pigs: Biotin availability in feedstuffs for pigs and chickens. Brit J Nutr 1989;62:773-780.

67 Watkins BA: Dietary biotin effects on desaturation and elongation of 14-C-linoleic acid in the chicken. Nutr Res 1990;10:325-334.

68 Proud VK, Rizzo WB, Patterson JW, Heard GS, Wolf B: Fatty acid alterations and carboxylase deficiencies in the skin of biotin-deficient rats. Am J Clin Nutr 1990;51: 853-858.

69 Hochman LG, Scher RK, Meyerson MS: Brittle nails: Response to daily biotin supplementation. Cutis 1993;51:303-305.

70 Gittelman AL: Beyond Pritikin. New York, Bantam Books, 1988, p 11.

71 James WPT, Ralph A, Sanchez-Castillo CP: The dominance of salt in manufactured food in the sodium intake of affluent societies. Lancet 1987;i:426.

72 Calvo MS: Dietary phosphorus, calcium metabolism and bone. J Nutr 1993;123: 1627-1633.

73 Norman DA, Fordtran JS, Brinkley LJ, et al: Jejunal and ileal adaptation to alterations in dietary calcium. J Clin Invest 1981;67:1599-1603.

74 Seelig MS: The requirement of magnesium by the normal adult: Summary and analysis of published data. Am J Clin Nutr 1964;14:342-390.

75 Torre M, Rodriguez AR, Saura-Calixto F: Effects of dietary fiber and phytic acid on mineral availability. Crit Rev Food Sci Nutr 1991;1:1-22.

76 Berlyne GM, Ben Ari J, Nord E, Shainkin R: Bedouin osteomalacia due to calcium deprivation caused by high phytic acid content of unleavened bread. Am J Clin Nutr 1973;26:910-911.

77 Ford JA, Colhoun EM, Mclntosh WB, Dunnigan MG: Biochemical response of late rickets and osteomalacia to a chupatty-free diet. Br Med J 1972;ii:446-447.

78 Robertson I, Ford JA, Mclntosh WB, Dunnigan MG: The role of cereals in the aetiology of nutritional rickets: The lesson of the Irish national nutritional survey 1943-8. Br J Nutr 1981;45:17-22.

79 Stephens WP, Berry JL, Klimiuk PS, Mawer EB: Annual high dose vitamin D prophylaxis in Asian immigrants. Lancet 1981;ii:1199-1201.

80 Ford JA, Mclntosh WB, Dunnigan MG: A possible relationship between high-extraction cereal and rickets and osteomalacia. Adv Exp Med Biol 1977;81:353-362.

81 Ewer TK: Rachitogenicity of green oats. Nature 1950; 166:732-733.

82 MacAuliffe T, Pietraszek A, McGinnis J: Variable rachitogenic effects of grain and alleviation by extraction or supplementation with vitamin D, fat and antibiotics. Poultry Sci 1976;55:2142-2147.

83 Hidiroglou M, Ivan M, Proulx JG, Lessard JR: Effect of a single intramuscular dose of vitamin D on concentrations of liposoluble vitamins in the plasma of heifers winter-fed oat silage, grass silage or hay. Can J Anim Sci 1980;60:311-318.

84 Sly MR, van der Walt WH, Du Bruyn DB, Pettifor JM, Marie PJ: Exacerbation of rickets and osteomalacia by maize: A study of bone histomorphometry and composition in young baboons. Calcif Tissue Int 1984;36:370-379.

85 Gibson RS, Bindra GS, Nizan P, Draper HH: The vitamin D status of east Indian Punjabi immigrants to Canada. Br J Nutr 1987;58:23-29.

86 Brooke OG, Brown IRE, Cleeve HJW: Observations of the vitamin D state of pregnant Asian women in London. Br J Obstet Gynaecol 1981;88:18-26.

87 Hunt SP, O'Riordan JLH, Windo J, Truswell AS: Vitamin D status in different subgroups of British Asians. Br Med J 1976;ii:1351-1354.

88 Batchelor AJ, Compston JE: Reduced plasma half-life of radio-labelled 25-hydroxyvitamin D3 in subjects receiving a high fiber diet. Br J Nutr 1983;49:213-216.

89 Clements MR, Johnson L, Fraser DR: A new mechanism for induced vitamin D deficiency in calcium deprivation. Nature 1987;325:62-65.

90 Lasztity R, Lasztity L: Phytic acid in cereal technology; in Pomeranz Y (ed): Advances in Cereal Technology St. Paul, American Association of Cereal Chemists, 1990, vol 10, pp 309-371.

91 WHO-UNICEF: Indicators and Strategies for Iron Deficiency and Anaemia Programs: World Health Organization Technical Report Series. New York, WHO-UNICEF, 1993.

92 Viteri FE: The consequences of iron deficiency and anemia in pregnancy on maternal health, the foetus and the infant. Sci News 1994;11:14-17.

93 International Nutritional Anemia Consultive Groups (INACG): The effect of cereals and legumes on iron availability. Washington, Nutrition Foundation, 1982.

94 Scrimshaw NS: Iron deficiency. Sci Am 1991;265:46-52.

95 Salunkhe DK, Jadhav SJ, Kadam SS, Chavan JK: Chemical, biochemical and biological significance of polyphenols in cereals and legumes. Crit Rev Food Sci Nutr 1982;17: 277-305.

96 Hisayasu S, Orimo H, Migita S, Ikeda Y. Satoh K, Shinjo S, Hirai Y, Yoshino Y: Soybean protein isolate and soybean lectin inhibit iron absorption in rats. J Nutr 1992;122:1190-1196.

97 Brune M, Rossander-Hulten L, Hallberg L, Gleerup A, Sandberg AS: Iron absorption from bread in humans: Inhibiting effects of cereal fiber, phytate and inositol phosphates with different numbers of phosphate groups. J Nutr 1992;122:442-449.

98 Hallberg L, Rossander L, Skanberg AB: Phytates and the inhibitory effect of bran on iron absorption in man. Am J Clin Nutr 1987;45:988-996.

99 Reddy MB, Hurrell RF, Juillerat MA, Cook JD: The influence of different protein sources on phytate inhibition of nonheme-iron absorption in humans. Am J Clin Nutr 1996;63:203-207.

100 Ashworth A, Milner PF, Waterlow JC: Absorption of iron from maize (Zea mays L.) and soya beans (Glycine hispida Max.) in Jamaican infants. Br J Nutr 1973;29:269-278.

101 Tuntawiroon M, Sritongkul N, Rossander-Hulten L, Pleehachinda R, Suwanik R, Brune M, Hallberg L: Rice and iron absorption in man. Eur J Clin Nutr 1990;44: 489-497.

102 Haghshenass M, Mahloudji M, Reinhold JG, Mohammadi N: Iron deficiency anemia in an Iranian population associated with high intake of iron. Am J Clin Nutr 1972;25: 1143-1146.

103 Rossander-Hulthen L, Gleerup A, Hallberg L: Inhibitory effect of oat products on non-haem iron absorption in man. Eur J Clin Nutr 1990;44:783-791.

104 Walter T, Dallman PR, Pizarro F, et al: Effectiveness of iron fortified infant cereal in prevention of iron deficiency anemia. Pediatrics 1993;91:976-982.

105 Layrisse M, Chaves JF, Mendez-Castellano HM, Bosch V, Tropper E, Bastardo B, Gonzalez E: Early response to the effect of iron fortification in the Venezuelan population. Am J Clin Nutr 1996;64:903-907.

106 Reinhold JG, Parsa A, Karimian N, Hammick JW, Ismail-Beigi F: Availability of zinc in leavened and unleavened wholemeal wheaten breads as measured by solubility and uptake by rat intestine in vitro. J Nutr 1974;104:976-982.

107 Sandstrom B, Almgren A, Kivisto B, Cederblad A: Zinc absorption in humans from meals based on rye, barley, oatmeal, triticale and whole wheat. J Nutr 1987;117:1898-1902.

108 Halsted JA, Ronaghy HA, Abadi P, Haghshenass M, Amirhakemi GH, Barakat RM, Reinhold JG: Zinc deficiency in man. The Shiraz experiment. Am J Med 1972;53:277-284.

109 Reinhold JG: High phytate content of rural Iranian bread: A possible cause of human zinc deficiency. Am J Clin Nutr 1971;24:1204-1206.

110 Reinhold JG, Lahimgarzadeh A, Nasr K, Hedayati H: Effects of purified phytate and phytate rich bread upon metabolism of zinc, calcium, phosphorus and nitrogen in man. Lancet 1973;i:283-288.

111 Golub MS, Keen CL. Gershwin ME, et al: Adolescent growth and maturation in zinc-deprived rhesus monkeys. Am J Clin Nutr 1996;64:274-282.

112 Nakamura T, Nishiyama S, Futagoishi-Suginohara Y, Matsuda I, Higashi A: Mild to moderate zinc deficiency in short children: Effect of zinc supplementation on linear growth velocity. J Pediatr 1993;123:65-69.

113 Zheng JJ, Mason JB, Rosenberg IH, Wood RJ: Measurement of zinc bioavailability from beef and a ready-to-eat high-fiber breakfast cereal in humans: Application of a whole-gut lavage technique. Am J Clin Nutr 1993;58:902-907.

114 Freeland-Graves JH, Bodzy PW, Eppright MA: Zinc status of vegetarians. J Am Diet Assoc 1980;77:655-661.

115 Brants HM, Lowik MH, Westenbrink S, Hulshof KM, Kistemaker C: Adequacy of a vegetarian diet at old age (Dutch nutrition surveillance system). J Am Coll Nutr 1990; 9:292-302.

116 Weihrauch JL, Kinsella JE, Watt BK: Comprehensive evaluation of fatty acids in foods. J Am Diet Assoc 1976;68:335-340.

117 Salem N, Wegher B, Mena P, Uauy R: Arachidonic and docosahexaenoic acids are biosynthesized from their 18-carbon precursors in human infants. Proc Natl Acad Sci 1996;93:49-54.

118 Pomerantz KB, Hajjar DP: Eicosanoids in regulation of arterial smooth muscle cell phenotype, proliferative capacity, and cholesterol metabolism. Arterioscler 1989;9: 413-429.

119 Simopoulos AP: Omega-3 fatty acids in the prevention-management of cardiovascular disease. Can J Physiol Pharmacol 1997;75:234-239.

120 Kremmer JM, Jubiz W, Michalek A, Rynes RI, Bartholomew LE, Bigaouette J, Timchaulk M, Beeler D, Lininger L: Fish oil fatty acid supplementation in active rheumatoid arthritis. Ann Intern Med 1987;106:497-503.

121 Ross E: The role of marine fish oils in the treatment of ulcerative colitis. Nutr Rev 1993;51:47-49.

122 Weber PC: Fish oil fatty acids and cardiovascular function: Epidemiology and biochemical mechanisms. Biochem Soc Trans 1990;18:1045-1049.

123 Sanders TAB, Reddy S: Vegetarian diets and children. Am J Clin Nutr 1994;59:1176S-1181S.

124 Uauy RD, Birch DG, Birch EE, Tyson JE, Hoffman DR: Effect of dietary omega-3 fatty acids on retinal function of very low birth weight neonates. Pediatr Res 1990;28:485-492.

125 Reddy S, Sanders TAB, Obeid O: The influence of maternal vegetarian diet on essential fatty acid status of the newborn. Eur J Clin Nutr 1994;48:358-368.

126 Siguel EN, Lerman RH: Role of essential fatty acids: Dangers in the US Department of Agriculture dietary recommendations (‚pyramid‘) and in low fat diets. Am J Clin Nutr 1994;60:973.

127 Anderson GH: Dietary patterns vs dietary recommendations: Identifying the gaps for complex carbohydrate. Crit Rev Food Sci Nutr 1994;34:435-440.

128 Ghafoorunissa: Essential fatty acid nutritional status of apparently normal Indian men. Hum Nutr Clin Nutr 1984;38c:269-278.

129 Miller GJ, Kotecha S, Wilkinson WH, Wilkes H, Stirling Y, Sanders TAB, Broadhurst A, Allison J, Meade TW: Dietary and other characteristics relevant for coronary heart disease in men of Indian, West Indian and European descent in London. Atherosclerosis 1988;70:63-72.

130 McKeigue PM, Adelstein AM, Shipley MJ, Riemersma RA, Marmot MG, Hunt SP, Butler SM, Turner PR: Diet and risk factors for coronary heart disease in asians in northwest London. Lancet 1985:ii:1086-1090.

131 Lands WE: Eicosanoids and health. Ann NY Acad Sci 1993;676:46-59.

132 Steinberg D, Parthasarathy S, Carew TE, Khoo JC, Witztum JL: Beyond cholesterol: Modification of low-density lipoprotein that increase its atherogenicity. N Engl J Med 1989;320:915-924.

133 Louheranta AM, Porkkala-Sarataho EK, Nyyssonen MK, Salonen RM, Salonen JT: Linoleic acid intake and susceptibility of very low density and low-density lipoproteins to oxidation in men. Am J Clin Nutr 1996;63:698-703.

134 Blankenhorn DH, Johnston RL, Mack WJ, Hafez A, El Zein MD, Vailas LI: The influence of diet on the appearance of new lesions in human coronary arteries. JAMA 1990;263:1646-1652.

135 Hodgson JM, Wahlqvist ML, Boxall JA, Balazs ND: Can linoleic acid contribute to coronary artery disease? Am J Clin Nutr 1993;58:228-234.

136 Alien LH: Nutritional influences on linear growth: A review. Eur J Clin Nutr 1994;48: 75-89.

137 Castaneda C, Charnley JM, Evans WJ, Crim MC: Elderly women accommodate to low protein diet with losses of body cell mass, muscle function, and immune response. Am J Clin Nutr 1995;62:30-39.

138 Chandra R: Nutrition-immunity-infection interactions in old age; in Chandra R (ed): Nutrition, Immunity and Illness in the Elderly. New York, Pergamon Press, 1985, pp 87-96.

139 Symreng T, Anderberg B, Kagedal B, Norr A, Schildt B, Sjodahl R: Nutritional assessment and clinical course in 112 elective surgical patients. Acta Chir Scand 1983; 149:657-662.

140 Young VR, Pellet PL: Plant proteins in relation to human protein and amino acid nutrition. Am J Clin Nutr 1994;59:1203S-1212S.

141 Young VR, Pellet PL: Wheat proteins in relation to protein requirements and availability of amino acids. Am J Clin Nutr 1985;41:1077-1090.

142 WHO/FAO/UNU: Energy and protein requirements: WHO Technical Report Series. New York, WHO, 1985, p724.

143 National Research Council: Recommended Dietary Allowances, ed 10. Washington, National Academy Press, 1989.

144 Young VR: Protein and amino acid requirements in humans: Metabolic basis and current recommendations. Scand J Nutr 1992;36:47-56.

145 Young VR, Bier DM, Pellet PL: A theoretical basis for increasing current estimates of the amino acid requirements in adult man, with experimental support. Am J Clin Nutr 1989;50;80-92.

146 Campbell WW, Crim MC, Dallal GE, Young VR, Evans WJ: Increased protein requirements in elderly people: New data and retrospective reassessments. Am J Clin Nutr 1994;60:501-509.

147 Hartz SC, Russell RM, Rosenberg IH: Nutrition in the Elderly: The Boston Nutritional Status Survey. London, Smith-Gordon and Company Limited, 1992.

148 De Unamuno M, DeOliveira JED, Vannucchi H, Marchini JS: Protein requirement assessment of elderly men on a rice and beans diet. Nutr Res 1991;11:149-157.

149 Sturman JA, Hepner GW, Hofmann AF, et al: Metabolism of (35-S)taurine in man. J Nutr 1975;105:1206-1214.

150 Irving CS, Marks L, Klein PD, et al: New evidence for taurine biosynthesis in man obtained from 18-O2 inhalation studies. Life Sci 1986;38:491-495.

151 Geggel HS, Ament ME, Heckenlively JR, et al: Nutritional requirements for taurine in patients receiving long term parenteral nutrition. N Engl J Med 1985;312:142-146.

152 Vinton NE, Laidlaw SA, Ament ME, Kopple JD: Taurine concentrations in plasma and blood cells of patients undergoing long term parenteral nutrition. Am J Clin Nutr 1986;44:398-404.

153 Laidlaw SA, Grosvenor M, Kopple JD: The taurine content of common foodstuffs. J Parenter Enteral Nutr 1990;14:183-188.

154 Rana SK, Sanders TAB: Taurine concentrations in the diet, plasma, urine and breast milk of vegans compared with omnivores. Br J Nutr 1986;56:17-27.

155 Laidlaw SA, Shultz TD, Cecchino JT, Kopple JD: Plasma and urine taurine levels in vegans. Am J Clin Nutr 1988;47:660-663.

156 Hayes KC, Pronczuk A, Addesa AE, Stephan ZF: Taurine modulates platelet aggregation in cats and humans. Am J Clin Nutr 1989;49:1211-1216.

157 Milei J, Ferreira R, Llesuy S, Forcada P, Covarrubias J, Boveris A: Reduction of reperfusion injury with preoperative rapid intravenous infusion of taurine during myocardial revascularization. Am Heart J 1992;123:339-345.

158 Schaffer SW, Azuma J: Review: Myocardial physiological effects of taurine and their significance; in Lombardini JB, Schaffer SW, Azuma J (eds): Taurine. New York. Plenum Press, 1992. pp 105-120.

159 Paauw JD, Davis AT: Taurine concentrations in serum of critically injured patients and age- and sex-matched healthy control subjects. Am J Clin Nutr 1990;52:657-660.

160 Desai TK, Maliakkal J, Kinzie JL, Ehrinpreis MN, Luk GD, Cejka J: Taurine deficiency after intensive chemotherapy and/or radiation. Am J Clin Nutr 1992;55:708-711.

161 Lombardini JB: Taurine: Retinal function. Brain Res Rev 1991;16:151-169.

162 Eveleth PB, Tanner JM: Worldwide Variation in Human Growth. New York, Cambridge University Press, 1976.

163 Meredith HV: Body size of infants and children around the world in relation to socioeconomic status. Adv Child Dev Behav 1984;18:81-145.

164 Balam G, Hitto F: A physiological adaptation to undernutrition. Ann Hum Biol 1994; 21:483-489.

165 Neumann CG, Harrison GG: Onset and evolution of stunting in infants and children: Examples from the human nutrition collaborative research support program. Kenya and Egypt studies. Eur J Clin Nutr 1994;48:S90-S102.

166 Acosta PB: Availability of essential amino acids and nitrogen in vegan diets. Am J Clin Nutr 1988;48:868-874.

167 Blacklock NJ: Epidemiology of renal stones; in Chisholm GD, Williams DI (eds): Scientific Foundations of Urology, ed 2. London, Heineman. 1982. pp 251-259.

168 Thalut K, Rizal A, Brockis JG, Bowyer RC, Taylor TA: The endemic bladder stones of Indonesia: Epidemiology and clinical features. Br J Urol 1976;48:617-621.

169 Ni YH, Tsau YK, Chen CH, Hsu TC, Lee JD, Tsai WS: Urolithiasis in children. Acta Paediatr Sin 1991;32:9-16.

170 Kheradpir MH, Bodaghi E: Childhood urolithiasis in Iran with special reference to staghorn calculi. Urol Im 1990;45:99- 103.

171 Valyasevi A, Dhanamitta S: Studies of bladder stone disease in Thailand, 7. Urinary studies in newborn and infants of hypo- and hyperendemic areas. Am J Clin Nutr 1967;20:1369-1377.

172 Wisniewski ZS, Brockis JG, Ryan GD: Urinary bladder stones in aboriginal children. Aust NZ J Surg 1981;51:292-295.

173 Halstead SB: Cause of primary bladder stone in England – A retrospective epidemiological study; in Smith LH, Robertson WG, Finlayson B (eds): Urolithiasis: Clinical and Basic Research. New York, Plenum Press, 1981, pp 325-328.

174 Teotia M, Teotia SPS: Kidney and bladder stones in India. Postgrad Med J 1977;53: 41-51.

175 Herms DA, Mattson WJ: The dilemma of plants: To grow or defend. Quart Rev Biol 1992;67:283-335.

176 Milton K: Primate diets and gut morphology: Implications for hominid evolution; in Harris M, Ross EB (eds): Food and Evolution. Philadelphia, Temple University Press, 1987, pp 93-115.

177 Lorenz K, Hengtrakul P: Alkylresorcinols in cereal grains – Nutritional importance and methods of analysis. Food Sci Technol 1990;23:208-215.

178 Garcia S, Garcia C, Heinzen H, Moyna P: Chemical basis of the resistance of barley seeds to pathogenic fungi. Phytochemistry 1997;44:415-418.

179 Sedlet K, Mathias M, Lorenz K: Growth depressing effects of 5-n-pentadecylresorcinol: A model for cereal alkylresorcinols. Cereal Chem 1984;61: 239-241.

180 Hengtrakul P, Mathias M, Lorenz K: Effects of cereal alkylresorcinols on human platelet thromboxane production. J Nutr Biochem 1991;2:20-24.

181 Gasiorowski K, Szyba K, Brokos B, Kozubek A: Antimutagenic activity of alkylresorcinols from cereal grains. Cancer Lett 1996;106:109-115.

182 Kozubek A, Nienartowicz B: Cereal grain resorcinolic lipids inhibit H2O2-induced peroxidation of biological membranes. Acta Biochim Pol 1995;42:309-315.

183 Buonocore V, Petrucci T, Silano V: Wheat protein inhibitors of alpha-amylase. Phytochemistry 1977;16:811-820.

184 Feng GH, Richardson M, Chen MS, Kramer KJ, Morgan TD, Reeck GR: Alpha-amylase inhibitors from wheat: Amino acid sequences and patterns of inhibition of insect and human alpha amylases. Insect Biochem Mol Biol 1996;26:419-426.

185 Buonocore V, Silano V: Biochemical, nutritional and toxicological aspects of alpha-amylase inhibitors from plant foods. Adv Exp Med Biol 1986;199:483-507.

186 Choudhury A, Maeda K, Murayama R, DiMagno EP: Character of a wheat amylase inhibitor preparation and effects on fasting human pancreaticobiliary secretions and hormones. Gastroenterology 1996;111:1313-1320.

187 Puls W, Keup U: Influence of an amylase inhibitor (BAY d 7791) on blood glucose, serum insulin and NEFA in starch loading tests in rats, dogs and man. Diabetologia 1973;9:97-101.

188 Hollenbeck CB, Coulston AM, Quan R, Becker TR, Vreman HJ, Stevenson DK, Reaven GM: Effect of a commercial starch blocker preparation on carbohydrate digestion and absorption: In vivo and in vitro studies. Am J Clin Nutr 1983;38:498-503.

189 Carlson GL, Li BU, Bass P, Olsen WA: A bean alpha-amylase inhibitor formulation (starch blocker) is ineffective in man. Science 1983;219:393-395.

190 Layer P, Carlson GL, DiMagno EP: Partially purified white bean amylase inhibitor reduces starch digestion in vitro and inactivates intraduodenal amylase in humans. Gastroenterology 1985;88:1895-1902.

191 Layer P, Zinsmeister AR, DiMagno EP: Effects of decreasing intraluminal amylase activity on starch digestion and postprandial gastrointestinal function in humans. Gastroenterology 1986;91:41-48.

192 Macri A, Parlamenti R, Silano V, Valfre F: Adaptation of the domestic chicken, Gallus domesticus, to continuous feeding of albumin amylase inhibitors from wheat flour as gastro-resistant microgranules. Poultry Sci 1977;56:434-441.

193 Folsch UR, Creutzfeldt W: Adaptation of the pancreas during treatment with enzyme inhibitors in rats and man. Scand J Gastroenterology 1985;112(suppl):54-63.

194 Sanchez-Monge R, Gomez L, Barber D, Lopez-Otin C, Armentia A, Salcedo G: Wheat and barley allergens associated with baker‘s asthma. Biochem J 1992;281:401-405.

195 Franken J, Stephan U, Meyer HE, Konig W: Identification of alpha-amylase inhibitor as a major allergen of wheat flour. Int Arch Allergy Immunol 1994;104:171-174.

196 James JM, Sixbey JP, Helm RM, Bannon GA, Burks AW: Wheat alpha-amylase inhibitor: A second route of allergic sensitization. J Allergy Clin Immunol 1997;99: 239-244.

197 Liener IE: Trypsin inhibitors: Concern for human nutrition or not? J Nutr 1986;116: 920-923.

198 Liddle RH, Goldfine ID, Williams JA: Bioassay of plasma cholecystokinin in rats; Effects of food, trypsin inhibitor and alcohol. Gastroenterology 1984;87:542-549.

199 McGuiness EE, Morgan RGH, Wormsley KG: Effects of soybean flour on the pancreas of rats. Environ Health Perspect 1984;56:205-212.

200 Liener IE, Goodale RL, Deshmukh A, Satterberg TL, et al: Effect of a trypsin inhibitor from soybeans (Bowman-Birk) on the secretory activity of the human pancreas. Gastroenterology 1988;94:419-427.

201 Liener IE, Kakade ML: Protease inhibitors; in Liener IE (ed): Toxic Constituents of Plant Foodstuffs. New York. Academic Press, 1980, pp 7-71.

202 Mossor G, Skupin J: Some biochemical properties of trypsin inhibitor type antinutrients derived from extracts of wheat grain. Beta variety. Nahrung 1985;29: 491-500.

203 Sosulski FW. Minja LA, Christensen DA: Trypsin inhibitors and nutritive value in cereals. Plant Foods Hum Nutr 1988;38:23-34.

204 Kennedy AR: Prevention of carcinogenesis by protease inhibitors. Cancer Res 1994; 54(7 suppl):199S-2005S.

205 Pusztai A: Plant Lectins. Cambridge, Cambridge University Press, 1991.

206 Liener IE: Nutritional significance of lectins in the diet; in Liener IE, Sharon N, Goldstein IJ (eds): The Lectins: Properties, Functions and Applications in Biology and Medicine. Orlando, Academic Press, 1986, pp 527-552.

207 Tsuda M: Purification and characterization of a lectin from rice bran. J Biochem 1979;86:1451-1461.

208 Rehmani SF, Spradbrow PB: The contribution of lectins to the interaction between oral Newcastle disease vaccine and grains. Vet Microbiol 1995;46:55-62.

209 Peumans WJ, Cammue BPA: Gramineae lectins: A special class of plant lectins; in Bog-Hansen TC, van Driasshe E (eds): Lectins – Biology, Biochemistry, Clinical Biochemistry. Berlin. Walter de Gruyter. 1986, vol 5, pp 31-37.

210 Freed DLJ: Lectins in food: Their importance in health and disease. J Nutr Med 1991;2:45-64.

211 Pusztai A, Ewen SWB, Grant G, Brown DS, Stewart JC, Peumans WJ, Van Damme EJM, Bardocz S: Antinutritive effects of wheat-germ agglutinin and other N-acetylglucosamine-specific lectins. Br J Nutr 1993;70:313-321.

212 Brady PG, Vannier AM, Banwell JG: Identification of the dietary lectin, wheat germ agglutinin, in human intestinal contents. Gastroenterology 1978;75:236-239.

213 Pusztai A: Dietary lectins are metabolic signals for the gut and modulate immune and hormone functions. Eur J Clin Nutr 1993;47:691-699.

214 Doherty M, Barry RE: Gluten-induced mucosal changes in subjects without overt small-bowel disease. Lancet 1981;i:517-520.

215 Husby S, Jensenius JC, Svehag SE: Passage of undegraded dietary antigen into the blood of healthy adults. Scand J Immunol 1985;22:83-92.

216 Pusztai A: Transport of proteins through the membranes of the adult gastrointestinal tract: A potential for drug delivery? Adv Drug Deliv Rev 1989;3:215-228.

217 Sjolander A, Magnusson KE, Latkovic S: The effect of concanavalin A and wheat germ agglutinin on the ultrastructure and permeability of rat intestine. Int Archs Allergy Appl Immun 1984;75:230-236.

218 Tchernychev B, Wilchek M: Natural human antibodies to dietary lectins. FEBS Lett 1996;397:139-142.

219 Falth-Magnusson K, Magnusson K-E: Elevated levels of serum antibodies to the lectin wheat germ agglutinin in celiac children lend support to the gluten-lectin theory of celiac disease. Pediatr Allergy Immunol 1995;6:98-102.

220 Ponzio G, Debant A, Contreres JO, Rossi B: Wheat-germ agglutinin mimics metabolic effects of insulin without increasing receptor autophosphorylation. Cell Signal 1990; 2:377-386.

221 Shechter Y: Bound lectins that mimic insulin produce persistent insulin-like activities. Endocrinology 1983;113:1921- 1926.

222 Kaplowitz PB: Wheat germ agglutinin and concanavalin A inhibit the response of human fibroblast to peptide growth factors by a post-receptor mechanism. J Cell Physiol 1985;124:474-480.

223 Kaplowitz PB, Haar JL: Antimitogenic actions of lectins in cultured human fibroblasts. J Cell Physiol 1988;136:13-22.

224 Hashimoto S, Hagino A: Wheat germ agglutinin, concanavalin A, and lens culinalis agglutinin block the inhibitory effect of nerve growth factor on cell-free phosphorylation of Nsp 100 in PC12h cells. Cell Struct Funct 1989;14:87-93.

225 Cacciari E, Salardi S, Lazzari R, et al: Short stature and celiac disease: A relationship to consider even in patients with no gastrointestinal tract symptoms. J Pediatr 1983;103:708-711.

226 Federico G, Favilli T, Cinquanta L, Ughi C, Saggese G: Effect of celiac disease and gluten-free diet on growth hormone-binding protein, insulin-like growth factor-I, and insulin-like growth factor-binding proteins. Horm Res 1997;48:108-114.

227 Weile B, Krasilnikoff PA, Giwercman A, Skakkeback NE: Insulin-like growth factor-I in celiac disease. J Pediatr Gastroenterol Nutr 1994;19:391-393.

228 Hernandez M, Argente J, Navarro A, Caballo N, Barrios V, Hervas F, Polanco I: Growth in malnutrition related to gastrointestinal diseases: Coeliac disease. Horm Res 1992;38(suppl 1):79-84.

229 Dalton TA, Bennett JC: Autoimmune disease and the major histocompatibility complex: Therapeutic implications. Am J Med 1992;92:183-188.

230 O'Farrelly C, Gallagher RB: Intestinal gluten sensitivity: Snapshots of an unusual autoimmune-like disease. Immunology Today 1992;13:474-476.

231 Andersson H, Mobacken H: Dietary treatment of dermatitis herpetiformis. Eur J Clin Nutr 1992;46:309-315.

232 Oldstone MBA: Molecular mimicry and autoimmune disease. Cell 1987;50:819-820.

233 von Herrath MG, Oldstone MBA: Role of viruses in the loss of tolerance to self-antigens and in autoimmune diseases. Trends Microbiol 1995;3:424-430.

234 Clevers HC, De Bresser A, Kleinveld H, Gmelig-Meyling FHJ, Ballieux RE: Wheat germ agglutinin activates human T lymphocytes by stimulation of phosphoinositide hydrolysis. J Immunol 1986;136:3180-3183.

235 Mothes T, Bendix U, Pfannschmidt C, Lehmann I: Effect of gliadin and other food peptides on expression of MHC class II molecules by HT-29 cells. Gut 1995;36:548-552.

236 Baum H, Butler P, Davies H, Sternberg MJE, Burroughs AK: Autoimmune disease and molecular mimicry: An hypothesis. Trends Biochem Sci 1993;18:140-144.

237 Weetman AP, Volkman DJ, Burman KD, Gerrard TL, Fauci AS: The in vitro regulation of human thyrocyte HLA-DR antigen expression. J Clin Endocrinol Metab 1985;61:817-824.

238 Piccinini LA, Mackenzie WA, Platzer M, Davies TF: Lymphokine regulation of HLA-DR gene expression in human thyroid cell monolayers. J Clin Endocrinol Metab 1987;64:543-548.

239 Lowes JR, Radwan P, Priddle JD, Jewell DP: Characterization and quantification of mucosal cytokine that induces epithelial histocompatibility locus antigen-DR expression in inflammatory bowel disease. Gut 1992;33:315-319.

240 Amore A, Emancipator SN, Roccatello D, et al: Functional consequences of the binding of gliadin to cultured rat mesangial cells: Bridging immunoglobulin A to cells and modulation of eicosanoid synthesis and altered cytokine production. Am J Kidney Dis 1994;23:290-301.

241 Udey MC, Chaplin DD, Wedner HJ, Parker CW: Early activation events in lectin stimulated human lymphocytes: Evidence that wheat germ agglutinin and mitogenic lectins cause similar early changes in lymphocyte metabolism. J Immunol 1980;125: 1544-1550.

242 von Herrath MG, Evans CF, Horwitz MS, Oldstone MB: Using transgenic mouse models to dissect the pathogenesis of virus-induced autoimmune disorders of the islets of Langerhans and the central nervous system. Immunol Rev 1996;152:111-143.

243 Cavallo MG, Fava D, Monetini L, Barone F, Pozzilli P: Cell-mediated immune response to B casein in recent-onset insulin-dependent diabetes: Implications for disease pathogenesis. Lancet 1996;348:926-928.

244 Ostenstad B, Dybwad A, Lea T, Forre O, Vinje O, Sioud M: Evidence for monoclonal expansion of synovial T cells bearing V alpha 2.1/V beta 5.5 gene segments and recognizing a synthetic peptide that shares homology with a number of putative autoantigens. Immunol 1995;86:168-175.

245 Karska K, Tuckova L, Steiner L, Tlaskalova-Hogenova H, Michalak M: Calreticulin – the potential autoantigen in celiac disease. Biochem Biophys Res Commun 1995;209: 597 605.

246 Laurie GW, Ciclitira PJ, Ellis HJ, Pogany G: Immunological and partial sequence identity of mouse BM180 with wheat alpha gliadin. Biochem Biophys Res Commun 1995;217:10-15.

247 Quaratino S, Thorpe CJ, Travers PJ, Londei M: Similar antigenic surfaces, rather than sequence homology, dictate T-cell epitope molecular mimicry. Proc Natl Acad Sci 1995;92:10398-10402.

248 Van Rood JJ, Van Hooff JP, Keuning JJ: Disease predisposition, immune responsiveness and the fine structure of the HL-A supergene: A need for a reappraisal. Transplant Rev 1975;22:75-104.

249 Simoons FJ: Celiac disease as a geographic problem; in Watcher DN, Kretchmer N (eds): Food, Nutrition and Evolution. New York, Masson Publishing, 1981, pp 179-199.

250 McNicholl B, Egan-Mitchell B, Stevens FM, Phelan JJ, McKenna R, Fottrell PF, McCarthy CF: History, genetics and natural history of celiac disease – Gluten enteropathy; in Walcher DN, Kretchmer N (eds): Food, Nutrition and Evolution. New York, Masson Publishing, 1981, pp 169-177.

251 Collin P, Maki M: Associated disorders in coeliac disease: Clinical aspects. Scand J Gastroenterol 1994;29:769-775.

252 Sategna-Guidetti C, Brosso S, Pulitano R, Benaduce E, Dani F, Carta Q: Celiac disease and insulin-dependent diabetes mellitus: Screening in an adult population. Digest Dis Sci 1994;39:1633-1637.

253 Stenhammar L, Stromberg L, Falth-Magnusson K, Lidvigsson J: Celiac disease and diabetes mellitus. Ann Allergy 1993;71:80.

254 Green A, Gale EAM, Patterson CC: Incidence of childhood-onset insulin-dependent diabetes mellitus: The Eurodiab ace study Lancet 1992;339:905-909.

255 Scott FW, Daneman D, Martin JM: Evidence for a critical role of diet in the development of insulin-dependent diabetes mellitus. Diabetes Res 1988;7:153-157.

256 Marsh MN: Gluten, major histocompatibility complex, and the small intestine. Gastroenterology 1992;102:330-354.

257 Ascher H, Kristiansson B: The highest incidence of celiac disease in Europe: The Swedish experience. J Pediatr Gastroenterol 1997;24:S3-S6.

258 Marsh MN: Transglutaminase, gluten and celiac disease: Food for thought. Nature Med 1997;3:725-726.

259 Howdle PD, Blair GE: Molecular biology and coeliac disease. Gut 1992;33:573-575.

260 Kagnoff MF, Paterson YJ, Kumar PJ, Kasarda DD, Carbone FR, Unsworth DJ, Austin RK: Evidence for the role of a human intestinal adenovirus in the pathogenesis of coeliac disease. Gut 1987;28:995-1001.

261 Baum H, Staines NA: MHC-derived peptides and the CD4+ T-cell repertoire: Implications for autoimmune disease. Cytokines Cell Mol Ther 1997;3:115-125.

262 Dieterich W, Ehnis T, Bauer M, Donner P, Volta U, Riecken EO, Schuppan D: Identification of tissue transglutaminase as the autoantigen of celiac disease. Nature Med 1997;3:797-801.

263 Tuckova L, TIaskalova-Hogenova H, Farre MA, Karska K, Rossmann P, Kolinska J, Kocna P: Molecular mimicry as a possible cause of autoimmune reactions in celiac disease? Antibodies to gliadin cross-react with epitopes on enterocytes. Clin Immunol 1995;74:170-176.

264 Kasarda DD: Toxic proteins and peptides in celiac disease: Relations to cereal genetics: in Walcher DN, Kretchmer N (eds): Food, Nutrition and Evolution. New York, Masson Publishing, 1981, pp 201-216.

265 Saltzman JR, Clifford BD: Identification of the triggers of celiac sprue. Nutr Rev 1994;52:317-319.

266 Zhu J, Newkirk MM: Viral induction of the human autoantigen calreticulin. Clin Invest Med 1994;17:196-205.

267 Fry L, Seah PP, Harper PG, Hoffbrand AV, McMinn RHM: The small intestine in dermatitis herpetiformis. J Clin Pathol 1974;27:817-824.

268 Bodvarsson S, Jonsdottir I, Freysdottir J, Leonard JN, Fry L, Valdimarsson H: Dermatitis herpetiformis – An autoimmune disease due to cross-reaction between dietary glutenin and dermal elastin? Scand J Immunol 1993;38:546-550.

269 Alkinson MA, Maclaren NK: The pathogenesis of insulin-dependent diabetes mellitus. N Engl J Med 1994;331:1428-1436.

270 Schatz DA, Maclaren NK: Cow's milk and insulin-dependent diabetes mellitus. JAMA 1996;276:647-648.

271 Elliott RB, Martin JM: Dietary protein: A trigger of insulin-dependent diabetes in the BB rat? Diabetologia 1984;26:297-299.

272 Hoorfar J, Buschard K, Dagnaes-Hansen F: Prophylactic nutritional modification of the incidence of diabetes in autoimmune non-obese diabetic (NOD) mice. Br J Nutr 1993;69:597-607.

273 Skarstein K, Wahren M, Zaura E, Hattori M, Jonsson R: Characterization of T cell receptor repertoire and anti-Ro/SSA autoantibodies in relation to sialadenitis of NOD mice. Autoimmunity 1995;22:9-16.

274 Fukazawa R, Seki T, Kamisage M, Watanabe M, Ogawa S, Yuge K, Hirayama T: A Ro/SS-A auto-antibody positive mother's infant revealed congenital complete atrioventricular block, followed by insulin dependent diabetes mellitus and multiple organ failure. Acta Paediatr Jpn 1994;36:427-430.

275 Binder A, Maddison PJ, Skinner P, Kurtz A, Isenberg DA: Sjogren's syndrome: Association with type-1 diabetes mellitus. Br J Rheumatol 1989;28:518-520.

276 Pruijn GJ, Simons FH, van Venrooij WJ: Intracellular localization and nucleocytoplasmic transport of Ro RNP components. Eur J Cell Biol 1997;74:123-132.

277 Lieu TS, Sontheimer RD: A subpopulation of WIL-2 cell calreticulin molecules is associated with RO/SS-A ribonucleoprotein particles. Lupus 1997;6:40-47.

278 Sumida T, Matsumoto I, Namekawa T, Kita Y: Molecular mechanism on Sjogren's syndrome. Nippon Rinsho 1995;53:2395-2400.

279 Teppo AM, Maury CPJ: Antibodies to gliadin, gluten and reticulin glycoprotein in rheumatic diseases: Elevated levels in Sjogren's syndrome. Clin Exp Immunol 1984;57:73-78.

280 Collin P, Reunala T, Pukkala E, Laippala P, Keyrilainen O, Pasternack A: Coeliac disease: Associated diseases and survival. Gut 1994;35:1215-1218.

281 Lepore L, Martelossi S, Pennesi M, et al: Prevalence of celiac disease in patients with juvenile arthritis. J Pediatr 1996;129:311-313.

282 O'Farrelly C, Melcher D, Price R, et al: Association between villous atrophy in rheumatoid arthritis and a rheumatoid factor and gliadin-specific IgG. Lancet 1988; ii:819-822.

283 Lepore L, Pennesi M, Ventura A, et al: Anti-alpha-gliadin antibodies are not predictive of coeliac disease in juvenile chronic arthritis. Acta Paediatr 1993;82: 569-573.

284 Bourne JT, Kumar P, Huskison EC, Maged R, Unsworth DJ, Wojtulewski JA: Arthritis and coeliac disease. Ann Rheum Dis 1985;44:592-594.

285 Charkravarty K, Scott DGI: Oligoarthritis – A presenting feature of occult coeliac disease. Br J Rheumatol 1992;31:349-350.

286 Shatin R: Preliminary report of the treatment of rheumatoid arthritis with high protein gluten-free diet and supplements. Med J Aust 1964;2:169-172.

287 Williams R: Rheumatoid arthritis and food: A case study. Br Med J 1981;283:563.

288 Beri D, Malaviya AN, Shandilya R, Singh RR: Effect of dietary restrictions on disease activity in rheumatoid arthritis. Ann Rheum Dis 1988;47:69-77.

289 Lunardi C, Bambara LM, Biasi D, Venturini G, Nicholis F, Pachor ML, DeSandre G: Food allergy and rheumatoid arthritis. Clin Exp Rheumatol 1988;6:423-426.

290 Kjeldsen-Kragh J, Haugen M, Borchgrevink CF, Laerum E, Eek M, Mowinkel P, Hovi K, Forre O: Controlled trial of fasting and one-year vegetarian diet in rheumatoid arthritis. Lancet 1991;338:899-902.

291 Perez-Maceda B, Lopez-Bote JP, Langa C, Bernabeu C: Antibodies to dietary antigens in rheumatoid arthritis – Possible molecular mimicry mechanism. Clin Chim Acta 1991;203:153- 165.

292 Ostenstad B, Dybwad A, Lea T, Forre O, Vinje O, Sioud M: Evidence for monoclonal expansion of synovial T cells bearing the V alpha 2.1/V beta 5.5 gene segments and recognizing a synthetic peptide that shares homology with a number of putative autoantigens. Immunology 1995;86:168-175.

293 Routsias JG, Tzioufas AG, Sakarellos-Daitsiotis M, Sakarellos C, Moutsopoulos HM: Calreticulin synthetic peptide analogues: Anti-peptide antibodies in autoimmune rheumatic diseases. Clin Exp Immunol 1993;91:437-441.

294 Verreck FA, Elferink D, Vermeulen CJ, Amons R, Breedveld F, de Vries RR, Koning F: DR4Dw4/ DR53 molecules contain a peptide from the autoantigen calreticulin. Tissue Antigens 1995;45:270-275.

295 Montinaro V, Gesualdo L, Schena FP: Primary IgA nephropathy: The relevance of experimental models in the understanding of human disease. Nephron 1992;62: 373-381.

296 Kovacs T, Mette H, Per B, Kun L, Schmelczer M, Barta J, Jean-Claude D, Nagy J: Relationship between intestinal permeability and antibodies against food antigens in IgA nephropathy. Orv Hetil 1996;137:65-69.

297 Coppo R, Amore A, Roccatello D: Dietary antigens and primary immunologlobulin A nephropathy. J Am Soc Nephrol 1992;2:173-180.

298 Libetta C, Rampino T, Palumbo G, Esposito C, Dal Canton A: Circulating serum lectins of patients with IgA nephropathy stimulate IL-6 release from mesangial cells. J Am Soc Nephrol 1997;8:208-213.

299 Coppo R, Mazzucco G, Martina G, Roccatello D, Amore A, Novara R, Bargoni A, Piccoli G, Sena LM: Gluten-induced experimental IgA glomerulopathy. Lab Invest 1989;60:499-506.

300 Coppo R, Roccatello D, Amore A, Quattrocchio G, Molino A, Gianoglio B, Amorosso A, Bajardi P, Piccoli G: Effects of a gluten-free diet in primary IgA nephropathy. Clin Nephrol 1990;33:72-86.

301 Carrozzo M, Carbone M, Gandolfo S: Recurrent aphthous stomatitis: Current etiopathogenetic and therapeutic concepts. Minerva Stomatol 1995;44:467-475.

302 O'Farrelly C, O'Mahony C, Graeme-Cook F, Feighery C, McCartan BE, Weir DG: Gliadin antibodies identify gluten-sensitive oral ulceration in the absence of villous atrophy. J Oral Pathol Med 1991;20:476-478.

303 Wray D: Gluten-sensitive recurrent aphthous stomatitis. Dig Dis Sci 1981;26:737-740.

304 Walker DM: Effect of a gluten free diet on recurrent aphthous ulceration. Br J Dermatol 1980;103:111.

305 Wucherpfennig KW, Strominger JL: Molecular mimicry in T cell-mediated autoimmunity: Viral peptides activate human T cell clones specific for myelin basic protein. Cell 1995;80:695-705.

306 Hartung HP, Rieckmann P: Pathogenesis of immune-mediated demyelination in the CNS. J Neural Trans 1997;50(suppl): 173-181.

307 Shatin R: Multiple sclerosis and geography. Neurology 1964;14:338-344.

308 Malosse D, Perron H, Sasco A, Seigneurin JM: Correlation between milk and dairy product consumption and multiple sclerosis prevalence: A worldwide study. Neuroepidemiology 1992;11:304-312.

309 Matthews WB, Compston A, Alien IV, Martyn CN: McAlpine's Multiple Sclerosis, ed 2. Edinburgh, Churchill-Livingstone, 1991, pp 3-40.

310 Macdougall R: No bed of roses. World Med 1973;8:98-99.

311 Matheson NA: Multiple sclerosis and diet. Lancet 1974;ii:831.

312 Hunt BS: Diet and multiple sclerosis. Lancet 1974;ii:1204.

313 Lange LS, Shiner M: Small-bowel abnormalities in multiple sclerosis. Lancet 1976;ii: 1319-1322.

314 Gupta JK, Ingegno AP, Cook AW, Pertschuk LP: Multiple sclerosis and malabsorption. Am J Gastroenterol 1977;68:560-565.

315 Hadjivassiliou M, Gibson A, Davies-Jones GAB, Lobo AJ, Stephenson TJ, Milford-Ward A: Does cryptic gluten sensitivity play a part in neurological illness? Lancet 1996;347:369-371.

316 Jellinek EH: Multiple sclerosis and diet. Lancet 1974:ii: 1006-1007.

317 Bateson MC, Hopwood D, MacGillivray JB: Jejunal morphology in multiple sclerosis. Lancet 1979;i:1108-1110.

318 Auricchio S: Gluten sensitivity and neurological illness. J Pediatr Gastroenterol Nutr 1997;25:S7-S8.

319 Ferroir JP, Fenelon G, Billy C, Huon R, Herry JP: Epilepsy, cerebral calcifications and celiac disease. Rev Neurol (Paris) 1997;153:354-356.

320 Gobbi G, Ambrosetto P, Zaniboni MG, Lambertini A, Ambrosioni G, Tassinari CA: Celiac disease, posterior cerebral calcifications and epilepsy. Brain Dev 1992;14:23-29.

321 Gobbi G, Bouquet F, Greco L, Lambertini A, Tassinari CA, Ventura A, Zaniboni MG: Coeliac disease, epilepsy, and cerebral calcifications: The Italian working group on coeliac disease and epilepsy. Lancet 1992;340:439-443.

322 Fois A, Vascotto M, DiBartolo RM, Di Marco V: Celiac disease and epilepsy in pediatric patients. Childs Nerv Syst 1994;10:450-454.

323 Warren RP, Odell JD, Warren WL, Burger RA, Maciulis A, Daniels WW, Torres AR: Strong association of the third hypervariable region of HLA-DR beta 1 with autism. J Neuroimmunol 1996;67:97-102.

324 Singh VK, Warren RP, O'Dell JD, Warren WL, Cole P: Antibodies to myelin basic protein in children with autistic behavior. Brain Behav Immun 1993;7:97-103.

325 Reichelt KL, Ekrem J, Scott H: Gluten, milk proteins and autism: Dietary intervention effects on behavior and peptide secretion. J Appl Nutr 1990;42:1-11.

326 Sponheim E: Gluten-free diet in infantile autism: A therapeutic trial. Tidsskr Nor Laegeforen 1991;111:704-707.

327 Dohan FC: Wheat consumption and hospital admissions for schizophrenia during World War II. AmJ Clin Nutr 1966;18:7-10.

328 Dohan FC: Genetic hypothesis of idiopathic schizophrenia: Its exorphin connection. Schizophr Bull 1988;14:489-494.

329 Lorenz K: Cereals and schizophrenia. Adv Cereal Sci Technol 1990;10:435-469.

330 Dohan FC, Grasberger JC, Lowell FM, Johnston HT, Arbegast AW: Relapsed schizophrenics: More rapid improvement on a milk and cereal free diet. Br J Psychiatry 1969;115:595-596.

331 Dohan FC, Grasberger JC: Relapsed schizophrenics: Early discharge from the hospital after cereal-free, milk free diet. Am J Psychiatry 1973;130:685-688.

332 Singh MM, Kay SR: Wheat gluten as a pathogenic factor in schizophrenia. Science 1976;191:401-402.

333 Reichelt KL, Landmark J: Specific IgA antibody increases in schizophrenia. Biol Psychiatry 1995;37:410-413.

334 Ganguli R, Brar JS, Cehngappa KN, Yang ZW, Nimgaonkar VL, Rabin BS: Autoimmunity in schizophrenia: A review of recent findings. Ann Med 1993;25: 489-496.

335 Noy S, Achiron A, Laor N: Schizophrenia and autoimmunity – A possible etiological mechanism? Neuropsychobiology 1994;30:157-159.

336 Ziadrou C, Streaty RA, Klee WA: Opioid peptides derived from food proteins. J Biol Chem 1979;254:2446-2449.

337 Huebner FR, Lieberman KW, Rubino RP, Wall JS: Demonstration of high opioid-like activity in isolated peptides from wheat gluten hydrolysates. Peptides 1984;5:1139-1147.

338 Fukudome S, Yoshikawa M: Opioid peptides derived from wheat gluten: Their isolation and characterization. FEBS Lett 1992;296:107-111.

339 Fukudome S, Yoshikawa M: A novel peptide derived from wheat gluten. FEBS Lett 1993;316:17-19.

340 Fukudome S, Jinsmaa Y, Matsukawa T, Sasaki R, Yoshikawa M: Release of opioid peptides, gluten exorphins by the action of pancreatic elastase. FEBS Lett 1997;412: 475-479.

341 Shatin R: Man and his cultigens. Sci Australian 1964;1:34-39.

342 Shatin R: The transition from food-gathering to food-production in evolution and disease. Vitalstoffe Zivilisationskrankheiten 1967;12:104-107.

*